给青少年讲红色纪念馆里的故事丛书

共和国摇篮：
红都瑞金的故事

瑞金中央革命根据地纪念馆　编著

中原出版传媒集团
中原传媒股份公司
大象出版社
·郑州·

图书在版编目(CIP)数据

共和国摇篮：红都瑞金的故事／瑞金中央革命根据地纪念馆编著. — 郑州：大象出版社，2024.7
（给青少年讲红色纪念馆里的故事丛书）
ISBN 978-7-5711-2134-1

Ⅰ.①共… Ⅱ.①瑞… Ⅲ.①革命纪念地-瑞金-青少年读物 Ⅳ.①K878.2-49

中国国家版本馆CIP数据核字(2024)第046873号

给青少年讲红色纪念馆里的故事丛书
共和国摇篮：红都瑞金的故事
GONGHEGUO YAOLAN：HONGDU RUIJIN DE GUSHI
瑞金中央革命根据地纪念馆　编著

出 版 人	汪林中
丛书策划	董中山
项目总监	张桂枝
项目统筹	孟建华　崔　征
责任编辑	李　丽
责任校对	牛志远　李婧慧
装帧设计	付铼铼
责任印制	张　庆

出版发行　大象出版社（郑州市郑东新区祥盛街27号　邮政编码450016）
　　　　　发行科　0371-63863551　总编室　0371-65597936

网	址	www.daxiang.cn
印	刷	河南瑞之光印刷股份有限公司
经	销	各地新华书店经销
开	本	720 mm×1020 mm　1/16
印	张	12
字	数	118千字
版	次	2024年7月第1版　2024年7月第1次印刷
定	价	39.00元

若发现印、装质量问题，影响阅读，请与承印厂联系调换。
印厂地址　武陟县产业集聚区东区（詹店镇）泰安路与昌平路交叉口
邮政编码　454950　　　　电话　0371-63956290

丛书编委会

丛书策划

黄乔生　薛　峰　董中山　王刘纯

丛书编委

（按姓氏笔画排序）

马海亭　王小玲　卢润彩　史永平

李　游　杨　宇　杨长勇　陈　松

孟建华　袁海晓　高慧琳

本书编委会

主　编

周景春

副主编

杨丽珊　杨长勇　杨艳华　苏春生
梁　霞

编委

赖雨亭　毛瑞林　邓　旋　刘俊林
杨芳英

我们走过的路（总序）

"什么是路？就是从没路的地方践踏出来的，从只有荆棘的地方开辟出来的。"

漫长的古代，在世界文明发展的道路上，我们曾经长期领先。到了近代，中国开始逐渐落后。鸦片战争使得"天朝上国"的旧梦彻底破灭，两千多年的封建道路再也走不下去，并随即堕入半殖民地半封建社会的深渊。

百年中国近代史，是一部屈辱史、抗争史，更是一部探索史。然而探索的道路充满血泪艰辛。北洋舰队的覆灭宣告洋务运动破产，谭嗣同的流血冲淡不了戊戌变法的败局，"城头变幻大王旗"揭示出辛亥革命的无奈……列强环伺，生灵涂炭，中国前进的道路在何方？民族复兴之路在哪里？！

历史的重担落到了中国共产党肩上。"十月革命一声炮响，给我们送来了马克思列宁主义"，经由五四新文化运动，马克思主义开始在中国广泛传播，1921年7月，在上海，中国共产党正式成立——中国革命的面貌从此焕然一新！

现在我们正走在中国特色社会主义的道路上，我们的国家和民族已经站起来、富起来，正在强起来。习近平总书记强调指出："走得再远、走到再光辉的未来，也不能忘记走过的过去，不能忘记为什么出发。"

红色纪念馆能够告诉我们来时所走过的路，告诉我们为什么要出发——她是历史的积淀，是探索的记录，是前行的坐标。红色纪念馆用大量的实物、图片、文字、音视频等，浓缩了一段段难忘岁月，展现了一个个感人场景，记录了那些让我们不能忘却也无法忘却的重大事件和重要历程，彰显着我们昂扬的民族精神，温暖着我们砥砺前行中的心灵！

青少年是祖国的未来，是担当民族复兴大任的时代新人，更需要身怀梦想，牢记初心，不忘来时的路。为此，我们编写了这套"给青少年讲红色纪念馆里的故事丛书",希望广大青少年在前行的道路上、在人生的"拔节孕穗期",汲取更多的营养,积蓄更多的发展力量。

希望阅读这套图书,恰似行走在研学旅行的探索之路上,红色号角在耳畔嘹亮吹响;又似畅游在革命文化大河之中,乐观向上、坚韧不拔的东风迎面扑来。首先我们来到北京新文化运动纪念馆,看一看在那个风起云涌的年代,马克思主义如何传入中国,历史为什么会选择中国共产党;接着我们来到中国共产党第一次全国代表大会纪念馆,去感受"开天辟地创伟业"的神圣时刻、重温伟大中国共产党的创建;然后我们来到南昌八一起义纪念馆,目睹人民军队的诞生、建军大业的完成;我们来到井冈山,感受"星星之火,可以燎原"的力量;我们来到瑞金,追述一段红色故都的往事;我们来到遵义,去重温伟大转折、传唱长征史诗;我们来到延安,去拥抱那段难忘的革命岁月;我们来到八路军太行纪念馆,听一听中国共产党领导人民进行伟大抗战的故事;最后,我们来到西柏坡——这个时候,新中国已如一轮红日冉冉升起!

这就是我们走过的路。

这里面蕴含着我们的道路自信、理论自信、制度自信和文化自信。今天,"我们比历史上任何时期都更接近、更有信心和能力实现中华民族伟大复兴的目标";"我们要一棒接着一棒跑下去,每一代人都要为下一代人跑出一个好成绩"。

这是历史的使命!

丛书编委会

2024 年 1 月

人民共和国从这里走来（代序）

"瑞金城外有个小村子叫沙洲坝，毛主席在江西领导革命的时候，在那儿住过……"这篇《吃水不忘挖井人》的小学课文，伴随着一代代人学习成长，也让江西瑞金闻名于世。

20世纪30年代，毛泽东、朱德、周恩来等老一辈无产阶级革命家，在以瑞金为中心的赣南、闽西大地上开辟了中央革命根据地。1931年11月7日至20日，中华苏维埃第一次全国代表大会在瑞金召开，选举产生了以毛泽东同志为主席的中华苏维埃共和国中央执行委员会、中央执行委员会人民委员会，宣布成立中华苏维埃共和国临时中央政府。中华苏维埃共和国是中国共产党领导的第一个全国性的工农民主政权。"毛主席"这一称呼从此喊响。

中华苏维埃共和国是中华人民共和国的雏形。在那段波澜壮阔的革命岁月中，中国共产党和苏维埃政府带领苏区军民开展了治国理政的伟大实践，开创了中国共产党在政治、经济、军事、教育、文化和党的建设上诸多第一，第一部宪法、第一部婚姻法、第一部劳动法、第一个八一建军节、第一面国旗……为新中国的政权建设积累了宝贵经验。同时，培养造就了一大批领导骨干和组织管理人才，党的第一代、第二代领导人和开国元勋大都在瑞金战斗和生活过，为中国共产党在全国的全面执政积蓄了力量。党史专家曾以"上海建党，开天辟地；南昌建军，惊天动地；瑞金建政，翻天覆地；北京建国，改天换地"，精辟概括了瑞金在中国革命史和中共党史上的重要地位。

岁月不居，精神不朽。在伟大的苏区革命斗争中，无数革命先辈用信仰和执着书写了一篇篇红色传奇，用生命和鲜血铸就了一个个精神高地，留下了宝贵的精神财富。2011年11月4日，习近平同志在纪念中央革命根据地创建暨中华苏维埃共和国成立80周年座谈会上指出："在革命根据地的创建和发展中，在建立红色政权、探索革命道路的实践中，无数革命先辈用鲜血和生命铸就了以坚定信念、求真务实、一心为民、清正廉洁、艰苦奋斗、争创一流、无私奉献等为主要内涵的苏区精神。"

红色文化资源是青少年强根铸魂、立德修身的生动教材。真诚希望青少年朋友们，从一件件苏区史料中感悟初心使命，从一个个红都故事中汲取前进力量，在新时期大力弘扬苏区精神，让红色基因代代相传。

周景春

2024年1月

目 录

第一部分
赣水苍茫闽山碧
—— 中央苏维埃区域的形成......001

弹洞前村壁　红四军赣南大柏地大捷......003

打通赣闽红色通道　红四军首次由赣入闽......009

齐声唤，前头捉了张辉瓒　第一次反"围剿"胜利......013

横扫千军如卷席　第二次反"围剿"胜利......018

由守势转入攻势　第三次反"围剿"胜利......021

第二部分

人民共和国雏形

——中华苏维埃共和国临时中央政府"九部一局"……025

外交部的外交窗口　苏区红色电台的故事……027

我明天就重新入伍　动员保卫苏维埃的故事……034

苏区工人的"好娘家"　重新颁布《劳动法》……040

刘奶奶退还公债券　苏区人民踊跃支援前线的故事……046

土地是农民的命根子　苏区的查田运动……052

要让农民的子女都能上得起学堂　阳光照耀下的苏区教育……058

总参谋长吃辣椒"被抓"　苏区大搞卫生运动……063

自由恋爱两相好　苏区颁布了《婚姻法》……068

建设真正的廉洁政府　苏维埃严惩贪污浪费……073

东华山上显身手　活捉敌特"三人组"……079

第三部分

红色基因代代传

—— 大力弘扬苏区精神......083

坚定信念　江善忠纵身跳崖......085

求真务实　毛泽东身处逆境志弥坚......088

一心为民　毛主席带领群众挖红井......091

清正廉洁　张闻天拒吃合作社客饭......094

艰苦奋斗　危房下的硝盐......097

争创一流　才溪妇女模范集体......100

无私奉献　苏区群众大力支前......105

第四部分

不朽的丰功伟绩

—— 八大元帅在瑞金......109

爱兵如子　朱德元帅的故事......111

"崽卖爷田心不痛"　彭德怀元帅的故事......114

求实之师　刘伯承元帅的故事......117

"大胡子军官" 贺龙元帅的故事……121

四块光洋 陈毅元帅的故事……125

践行五湖四海原则 罗荣桓元帅的故事……128

"夹克委员" 聂荣臻元帅的故事……132

严宽相济 叶剑英元帅的故事……136

第五部分

回望峥嵘读初心

——中央国家机关全国爱国主义教育基地……141

工人的"守护神" 全国总工会爱国主义教育基地……143

苏区经济的擎天柱 中国人民银行全国爱国主义教育基地……148

中央苏区的朝阳 共青团中央全国爱国主义教育基地……154

红色"铁算盘" 审计署全国审计系统爱国主义教育基地……159

红土青天 最高人民法院全国爱国主义教育基地……165

附录 瑞金中央革命根据地纪念馆简介……171

后记……173

第一部分

赣水苍茫闽山碧

——中央苏维埃区域的形成

中央苏区即中央革命根据地，是由以瑞金为中心的赣南、闽西两块苏维埃区域组成的。

1929年1月，毛泽东、朱德、陈毅等率领红四军主力离开井冈山革命根据地，踏上转战赣南的艰难行程。2月，大柏地战斗大捷，振奋了士气，凝聚了人心，是红四军开辟赣南、闽西革命根据地的奠基之战。3月，红四军首次由赣入闽，开展土地革命斗争，开辟了闽西人民革命斗争的崭新局面。1930年3月，赣西南、闽西苏维埃政府相继成立。8月，毛泽东、朱德领导的红一军团与彭德怀、滕代远领导的红三军团在湖南永和会师，合编为红一方面军。10月，红军攻占了赣西重镇吉安，清除了赣南与赣西之间的白色梗阻，形成了稳固的赣西南红色区域，为中央革命根据地的建立奠定了基业。1930年冬至1931年秋，红一方面军连续粉碎了国民党军队的三次"围剿"，巩固与扩大了苏区，使赣西南和闽西革命根据地连成一片。1931年11月7日至20日，中华苏维埃第一次全国代表大会在瑞金召开，成立了中华苏维埃共和国临时中央政府，标志着以瑞金为中心的中央苏区正式形成。

弹洞前村壁

红四军赣南大柏地大捷

菩萨蛮·大柏地

赤橙黄绿青蓝紫,谁持彩练当空舞?雨后复斜阳,关山阵阵苍。当年鏖战急,弹洞前村壁。装点此关山,今朝更好看。

这是毛主席在1933年6月写的一首词。你知道词中的"鏖战"指的是哪一次战争吗?这次鏖战又有什么重大意义呢?我们来读一读下面这个故事。

关山逶迤,风霜雪染。

大柏地,瑞金城北30公里处的小山村。1929年2月9日,大年除夕日。蜿蜒曲折的山道中,一支部队艰难地行走着。这是一支由毛泽东、朱德率领的转战赣南、闽西开辟新的根据地的队伍。从井冈山下山后,红四军一路上遭到国民党军队的围追堵截。突然,快马来报:"报告朱军长、毛书记,国民党第十五旅刘士毅的部队已经追到黄柏与大柏交界的龙角山处,距离我大部队大

1929年大柏地战斗中残留在杏坑村墙壁上的铜子弹头

红四军大柏地战斗战场遗址外墙上留下的弹孔

约还有10里。"

面对突如其来的军情变故,毛泽东、朱德当即召开前委紧急扩大会议,商讨对策。沿途上朱德仔细地观察大柏地地形,发现这个叫麻子坳的狭长山谷,两边层峦叠嶂,树大林密,仅沟底一条小路向北通往邻县宁都,是打伏击的好地方。

朱德分析了地形,提出了自己的战术主张。

毛泽东认为刘士毅第十五旅是红军的老对手,兵骄将傲,不经打。红四军自下山以来被这股敌人追得筋疲力尽,将士们对该敌恨得咬牙切齿,求战心切,士气可用。

于是,红四军布下口袋阵:三十一团及军特务营占领麻子坳东侧山头设伏;二十八团三营在麻子坳西侧制高点占领阵地,一营从右翼向敌后断其退路,二营在敌人的来路上诱敌进入伏击圈,并占领有利地形,阻击敌人前进,掩护主力展开激战;军独立营和直属队为预备队,随军行动。当晚,红军各部队分头行动。

除夕是"爆竹声中一岁除"的时候,但由于大柏地的老百姓不了解红军,已逃避一空。部队长途奔袭,战士们已饥饿难耐。有人建议让部队先借用村中的粮食,算清价钱,留下欠条,待日后如数归还。得到毛泽东的批准后,战士们吃了一顿饱饭,精神抖擞。

2月10日下午2时许,追敌刘士毅先头部队与红二十八团二营接触,战斗打响,空悠的山谷传来子弹的嗖嗖声、炸弹的爆炸声。二营营长萧克和营党代表胡士俭命令部队将行李散乱地丢弃在路边,与敌人打一阵,退一阵,佯装败退,将敌人大部队诱入预设的伏击圈。战至黄昏,双方对峙。

2月11日晨,朱德见时机已到,一声令下,大柏地峡谷中顿时枪声大作,杀声震天,红军将士英勇冲击,战斗异常激烈。朱德、毛泽东都亲自参加战斗。

陈毅在给中共中央的报告中说:"是役我军以屡败之余作最

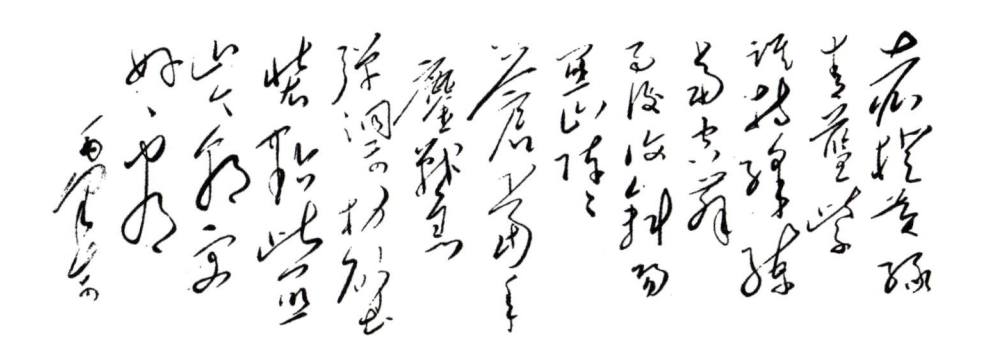

毛泽东手迹:《菩萨蛮·大柏地》

大柏地战斗场景（仿真硅像结合多媒体影视合成复原）

第一部分　赣水苍茫闽山碧

后一掷击破强敌，官兵在弹尽援绝之时，用树枝、石块、空枪与敌在血泊中挣扎，始获最后胜利，为红军成立以来最有荣誉之战争。"战斗至中午胜利结束。这次战斗共歼敌两个团，俘敌800余人，缴枪800余支。

大柏地战斗获得全胜，彻底扭转了红四军自井冈山下山转战赣南一个多月的被动局面，重振了红四军雄风，扩大了红军影响。这次战斗的壮怀激烈情景让毛泽东难以忘怀，以至4年后的1933年6月，他从宁都开完中央局会议返回瑞金停宿大柏地时，不禁感慨万端，诗兴大发，于是写下了篇首那首词《菩萨蛮·大柏地》。

红都小课堂

红军纪律严明

在大柏地战斗打响之前，为了让部队有足够体力打山地肉搏战，经前委书记毛泽东批准，红军借用群众家的粮食、油、猪肉等，并写下借条，保证日后偿还。群众回村见到借条将信将疑。1929年5月，红四军重返大柏地时，按照借条将所借物资折合成银元还给群众。大柏地人民无不称赞红军纪律严明。

打通赣闽红色通道
红四军首次由赣入闽

组建闽西第一个红色政权

红四军进占长汀城后,闽西第一个县级红色政权——长汀县革命委员会正式成立。革命委员会成立后即发布告废除一切厘捐,没收地主豪绅的土地及财产,严厉肃清反革命分子。同时红四军还帮助地方建立了长汀县赤卫大队。

1929年3月,由东固一路东进的红四军首次进入闽西,3月12日,红四军到达长汀县南部的四都。

驻守长汀的国民党福建省防军第二混成旅旅长郭凤鸣闻讯后,急忙调一个团前往红军驻地驱赶,另派一个团驻守长岭寨,扼守四都通往长汀城之要地。

毛泽东、朱德于3月12日晚在驻地协和客店召开军事会议。

"敌人趁我军立足未稳,大兵直入,来者不善哪。"陈毅首先在会上分析敌情。"既然如此,他也未站稳脚跟,我们就来个

红军第四军司令部布告

伏击,杀杀他的士气。"

"对,灭他的威风。"红二十八团一营二连连长王良作为指战员当即附和。

于是,红四军由军长朱德下达命令,分三路于13日上午向敌发起猛攻。敌一个团遭到红四军猛虎下山般的主动攻击,哪里招架得住,一个半小时,敌一个团被歼灭过半。残敌向长岭寨逃窜。到口的肉,红四军岂肯放过,英勇的红军乘胜追击直至长岭寨下的陂溪村将敌人全歼后,才停下宿营。

此时,中共长汀临时县委书记段奋夫急忙赶至陂溪村,向毛泽东、朱德等汇报闽西各县革命斗争情况,并详细介绍了郭凤鸣部队的情况,同时告诉红四军领导:长汀党组织已在郭凤鸣的部队建立秘密组织,可作为内应力量。

毛泽东根据这一情况,与朱德交换意见后当即召开前委扩大会议,商定攻克郭凤鸣部队的计划。

夜色笼罩着深黛的远山,启明星刚从天际眨巴着眼睛,长岭寨的山头,就有两支部队悄悄向主峰靠近。突然,一颗红色信号弹划破长空,霎时,埋伏的红四军一跃而起,向守敌发起了猛烈进攻。龟缩在主峰上的郭凤鸣的一个团,还没明白是怎么回事,有的已饮弹一命呜呼,有的仓皇反抗成了刀下之鬼。住在山下梁屋头村的敌旅长郭凤鸣慌乱中忙组织力量向长岭主峰反攻,但红

闽西苏维埃政府旧址

1930年3月18日,闽西第一次苏维埃代表大会在龙岩召开,成立了以邓子恢为主席的闽西苏维埃政府。

军居高临下，打得敌军抱头鼠窜。

红四军抓住战机，全线出击，不到一个小时，敌军两个团全部被歼。红四军俘敌2000余人，缴获各种枪支500多支、迫击炮3门、炮弹100多发。敌旅长郭凤鸣腿部受伤，由两个勤务兵架着逃至牛头村栗树园中的茅坑躲藏，后被打扫战场的红二十八团一营二连连长王良一枪击毙。

当日下午，红四军押解着俘虏，浩浩荡荡进驻古城长汀。红军首次入闽大捷，奠定了闽西根据地的根基。

红都小课堂

红军统一服装

"小鬼，你穿上这套新军装，人都变样了嘛。"1929年5月的一天，红四军四团三连一排二班的小红军战士王阳刚穿上新换的军装，就被连长连夸变了样，精气神儿十足。王阳那年14岁，是个孤儿。红四军在攻打吉安时，正在田里给地主当长工的他，洗脚上田便跟着红军走了。红四军进驻长汀后，没收了军阀的小型服装厂。军委决定，红军统一服装，一改过去各自穿着形形色色的破旧服装的局面。红军的新服装为淡蓝偏灰色，红军帽上，第一次用红布剪成了小五角星，缝在帽檐正上方。小红军王阳把穿了七八年、补了又补的土褂丢在一边，换上崭新的军服，雄赳赳地走了几个来回，引来一阵笑声和夸赞。

齐声唤，前头捉了张辉瓒
第一次反"围剿"胜利

渔家傲·反第一次大"围剿"

万木霜天红烂漫，天兵怒气冲霄汉。雾满龙冈千嶂暗，齐声唤，前头捉了张辉瓒。

二十万军重入赣，风烟滚滚来天半。唤起工农千百万，同心干，不周山下红旗乱。

1930年10月，蒋介石发表所谓的《告父老文告》，将"肃清共匪"作为其治国理政"五项政治措施"之首。蒋介石纠集了10万兵力，以江西省主席、第九路军总指挥鲁涤平为陆海空军总司令南昌行营主任，采用"长驱直入""分进合击"的战略，向中央革命根据地发动第一次大"围剿"。

大敌当前，军情告急。

红一方面军连夜召开军事会议，认真商讨对策。会上，毛泽东提出"诱敌深入，各个歼灭"的主张，获得大多数红军指战员的充分肯定。

1930年12月20日，吉安东固，大雾弥漫。

敌"围剿"军前线总指挥张辉瓒亲自率领第十八师9000余人浩浩荡荡一路向东杀来。殊不知，敌军另一支部队公秉藩新编第五师早已埋伏在此，布下口袋阵。大雾弥漫中，由于视线不清，敌军两支部队短兵相接，打得昏天黑地，炮火纷飞，不可开交。战至中午，雾气消散，交战双方才知军情有误。此事很快被进驻南昌行营督阵的蒋介石知晓，老蒋将其二人骂了个狗血喷头。恼羞成怒的张辉瓒下令在东固大烧大杀三天，犯下了滔天罪行。丧心病狂的张辉瓒还不死心，又调两个师由龙冈向宁都黄陂、小布地区进攻。

毛泽东、朱德得悉张辉瓒的企图后，连日将部队秘密转移至黄陂西边30里之君埠，并做好战斗布署：红十二军占领龙冈南端、水西西端之万功山；红三军居右翼，占领木坑以右地区，向龙冈推进；红三军团和红四军统归彭德怀、滕代远指挥，红军部队以"五瓣莲花抄尾阵"战法向来犯之敌包抄合围。

1930年12月30日，山岚缥缈，雾气弥漫。一大早，毛泽东和朱德冒着浓雾将总指挥部移至距龙冈15里的小别村黄竹岭半山腰。毛泽东环顾山岗，边走边诙谐地对朱德说："总司令，你看真是'天助我也'！三国时，诸葛亮借东风大破敌兵；今天，我们乘雾全歼顽敌哟！"

朱德用浓重的四川口音接着说："要得！"8时许，浓雾逐渐散去，"轰隆隆""砰砰砰"的剧烈枪炮声响彻整个龙冈山谷。

第二次国内革命战争时期瑞金中央兵工厂制造的子弹、炸弹、步枪

原来右翼的红三军第七师与进犯之敌打响了遭遇战，也由此拉开了龙冈之战的序幕。

敌人凭借武器优势，极力阻止红三军向龙冈方向攻击前进。战斗处于胶着状态。双方损兵折将严重，担负正面阻击任务的红三军军长黄公略要求总部派兵增援。此时因预备役部队总部警卫营已上前线，朱德决定"无兵派将"，即派总部参谋处处长郭化若前往红三军所在阵地协助指挥作战，鼓舞士气。中午12时，红军向敌人发动全面进攻，五路红军急速向中心靠拢，一时阵地上杀声震天，枪炮如雨，敌人阵脚大乱，哭爹喊娘，溃不成军。红三军直捣张辉瓒师部，张辉瓒第十八师的两个旅和直属队全部被歼，张辉瓒被活捉。这场战斗红军共俘敌9000余人，缴枪9000余支、子弹100余万发和无线电台1部。

第一次反"围剿"龙冈大捷中缴获的敌第十八师师长张辉瓒的怀表

红军向东乘胜追击，在东韶歼谭道源第五十师一个多旅，其他各路敌军仓皇退走。就这样，红一方面军五天内打了两个胜仗，取得了第一次反"围剿"胜利。

战斗结束后，毛泽东以中国工农革命委员会主席名义发布《红军胜利捷报》，并满怀豪情挥笔写下了《渔家傲·反第一次大"围剿"》。

红都小课堂

游击战里操胜算

为进一步鼓舞红军反"围剿"的斗志,1930年12月25日,红一方面军总部在小布召开了盛大的苏区军民歼敌誓师大会。毛泽东为大会亲拟了一副对联:

敌进我退,敌驻我扰,敌疲我打,敌退我追,游击战里操胜算;

大步进退,诱敌深入,集中兵力,各个击破,运动战中歼敌人。

大红对联贴在誓师大会主席台两侧台柱上。看到这副对联,参加誓师大会的1万多军民,对毛泽东所提出和总结的游击战和运动战的战略思想,有了更加深刻的理解,对夺取反"围剿"斗争胜利充满信心。

横扫千军如卷席

第二次反"围剿"胜利

渔家傲·反第二次大"围剿"

白云山头云欲立,白云山下呼声急,枯木朽株齐努力。枪林逼,飞将军自重霄入。

七百里驱十五日,赣水苍茫闽山碧,横扫千军如卷席。有人泣,为营步步嗟何及!

第一次10万大军"围剿"中央革命根据地,蒋介石损兵折将以失败告终。1931年2月,气急败坏的蒋介石以军政部长何应钦为陆海空军总司令南昌行营主任,调集20万大军,对中央革命根据地发动第二次"围剿"。

何应钦凭借手中重兵,重新排兵布阵,采用"稳扎稳打、步步为营"的战术,同时实行严密的经济封锁。4月1日,国民党军队分四路向中央革命根据地大举进攻,企图包围并消灭红一方面军主力于赣南。其部队从江西赣江向东延伸,一直到福建建宁,构成一条800里长但没有完全连接的弧形阵线。

面对来势汹汹、装备精良、数倍于我军的敌人，红一方面军内部对如何歼敌产生严重分歧。有人主张把部队拉到四川建立根据地，也有人主张"分兵退敌"，四面散开至粤北、湖南和闽西出击。在宁都的青塘会议上，毛泽东以充足的理由阐述了"诱敌深入"的主张，得到多数人的支持。但在打哪一路敌人上，也有不同意见，经过反复争论和优劣分析，最后大家同意毛泽东打第五路军即王金钰部的主张，原因是王金钰部虽有4个师，却是杂牌军，内部矛盾严重，指挥不灵，且从北方来，水土不服，士气不振。

国民党军经过几个月的调兵与驻防，1931年5月初已形成压境局势。红军隐蔽集结于东固的3万余官兵，像敛威屏息的猛虎，蛰伏在大山四周等待着歼敌的一扑。

大山静谧，四野冷清。东固境内高山林立，重峦叠嶂，沟壑纵横。毛泽东、朱德建立的井冈山革命根据地就连着东固，因此红军对这里的地形地貌十分熟悉，但国民党王金钰部却是初来乍到，一片茫然。5月16日上午10时许，第二次反"围剿"的第一仗就在白云山打响，红三军、红四军和红十二军一部眼见敌人长驱直入，进入白云山谷。尽管敌人用望远镜四处搜索红军踪影，以免遭到伏击，但善于伪装、更善于打游击的红军怎会将自己暴露在敌人眼前？当王金钰的部队大摇大摆地向深山进发时，埋伏好的红军看得一清二楚。当敌人全部进入我伏击圈时，只听幽幽深谷一声信号枪响，霎时间，硝烟腾空，战火弥漫。敌人遭到重创，晕头转向，但凭借精良的装备，仍然组织了多次反击，红军居高临下，又善于打山地战，一次次将敌人的反击打退。至下午3时，战斗结束。此次战役，红军俘敌第二十八师副师长王庆龙及官兵4000余人，缴枪3000余支。当日夜晚至17日晨，红三军团和红四军在富田歼敌上官云相第四十七师一个旅，俘敌官兵3000余人，缴枪1000余支，红军首战获胜。

从5月16日到31日，红军连打五个胜仗，自西向东横扫700里，歼敌3万余人，缴枪2万余支，痛快淋漓地打破了国民党军队的第二次"围剿"，并进一步扩大了中央革命根据地。

战后，毛泽东以极其兴奋的心情，挥毫填写了《渔家傲·反第二次大"围剿"》词一首，这首词与《渔家傲·反第一次大"围剿"》气脉相连，两首词气势磅礴、雄浑豪放，是中央红军胜利史诗中最为痛快淋漓的联袂篇章。

红都小歌谣

第二次反"围剿"

蒋贼坐在南京城，
听到辉瓒丧了命，
十万兵马打败仗，
气得半天不做声。
蒋贼又羞又伤心，
再调兵马打红军，
兵马调动二十万，
再调指挥何应钦。
红军又打大胜仗，
缴获枪弹无处放，
政权恢复又巩固，
逃难工农尽返乡。

由守势转入攻势
第三次反"围剿"胜利

一招险棋

红军三面受敌，处境十分危险。毛泽东仔细分析敌情，发现包围红军的敌军中间有一条20公里的空隙地带，便果断决定秘密穿过这条空隙地带，采取"由西向东、中间突破、袭击后方"的方针，改变打法，出奇制胜。这是一个绝招，也是一个险招，红军能否化险为夷？

接连在"围剿"中受挫的蒋介石，气急败坏，暴跳如雷，怒斥何应钦无能。从1931年7月开始，不甘失败的蒋介石调集23个师又3个旅共30万人，自任"围剿"军总司令，坐镇南昌指挥，向中央革命根据地发动第三次"围剿"。

这一次，蒋介石依仗十倍于红军的兵力，决定采取"长驱直入"的方针，企图把红军主力压迫到赣江东岸加以击破，然后分路"围剿"，完全摧毁中央革命根据地，消灭红一方面军。

这时,红一方面军主力正分散在福建建宁一带,远离中央革命根据地的中心区,且苦战后未得到休息和补充,总兵力只有3万人左右。面对强敌压境的形势,毛泽东、朱德决定仍采取"诱敌深入"的方针,"避敌主力,打其虚弱"。他们率红军主力从建宁出发,到赣南兴国集中。随后,红一方面军和从赣江以西东渡的红七军会合。

8月初,部队集中在以高兴圩为中心的方圆几十里的地区。各路敌军纷纷逼近,形成对红军半包围的态势。此时,西有赣江,南、北、东三面有国民党军9个师,红军三面受敌,处境十分危险。

毛泽东认真仔细地分析敌情,发现东面的江背洞所驻赵观涛第六师与崇贤蔡廷锴第一军团之间,有一条20公里的空隙地带。临时总前委立即在高兴圩召开紧急会议,听取毛泽东的意见后,果断决定秘密穿过这条空隙地带,采取"由西向东、中间突破、袭击后方"的方针,改变打法,出奇制胜。

这是一个绝招,也是一个险招。

8月4日,毛泽东、朱德命令部队将一切能发亮的白色物品严密伪装,并派出一支部队牵制敌人。当夜,全军3万余人冒着大雨,摸黑从高兴圩出发,一路偃旗息鼓,衔枚疾走,神不知鬼不觉地一夜间穿越敌人4个师驻地之间20公里的空隙地带,于6日拂晓安全转移到兴国县的莲塘地区,跳出敌人的包围圈。

莲塘以北15公里的良村,已经驻扎有敌人第三路进击军的第四十七师和第五十四师。8月6日上午,敌人第四十七师谭子钧旅，奉命由良村向莲塘搜索，中午进入名叫十万洲的峡谷地带，受到当地游击队和红三军团警戒部队的狙击。当日下午，红一方面军总部决定利用有利地形，先歼灭谭子钧部，再乘胜向良村追击。当天晚上，红军就将谭子钧旅严密地包围住。7日拂晓，担任正面攻击任务的红三军团向被围之敌发起猛攻，一时枪声大作，杀声震天。上午10时，战斗胜利结束，谭子钧旅被全歼，旅长谭子钧被红军击毙。同日，红军将良村的敌军第五十四师围歼，又消灭了敌两个多团和两个师的辎重部队，负责该路的总指挥上官云相和第五十四师师长郝梦龄惧怕成为下一个目标，便率领残余部队逃向永丰县。莲塘、良村两战，红军在一天内歼敌两个多旅,俘敌3500余人，

红都小歌谣

第三次反"围剿"（节选）

何逆收集败兵回，
蒋逆面前来请罪，
蒋逆看到无办法，
亲自出马到江西。

此次进攻算三进，
统带三十多万兵，
飞机来了几十架，
要与红军拼老命。

三次战争大胜利，
缴到枪炮几万支，
白军势力削弱了，
苏区扩大几百里。

纪念十月大革命，
我们又开全苏会，
全国工农快暴动，
共产成功万万岁。

毙伤敌1000余人，缴获枪支3500余支，第三次反"围剿"取得首场胜利。此次胜利为以后长达两个多月的反"围剿"战积累了经验，鼓舞了士气，为全面取得第三次反"围剿"的胜利奠定了基础。

中央苏区军民在不到一年的时间里，连续取得三次反"围剿"战争的胜利，在中国红军史和中国革命史上写下极为神奇的一笔。它不仅壮大了红军队伍，更为中华苏维埃共和国的成立奠定了坚实的基础。

第二部分

人民共和国雏形

——中华苏维埃共和国临时中央政府"九部一局"

1931年11月7日至20日，中华苏维埃第一次全国代表大会在江西瑞金叶坪村召开，会上宣告中华苏维埃共和国临时中央政府成立。"一苏大会"选出了由63人组成的中央执行委员会，在大会闭会期间，苏维埃中央执行委员会为最高政权机关，中央执行委员会之下组织人民委员会，处理日常政务，并发布一切法令和决议案。人民委员会内设"九部一局"，即中央外交人民委员部、中央军事人民委员部、中央劳动人民委员部、中央财政人民委员部、中央土地人民委员部、中央教育人民委员部、中央内务人民委员部、中央司法人民委员部、中央工农检察人民委员部、国家政治保卫局。当年的部长称"人民委员"，中央政府任命了九位部长和一位局长。之后，又增设了中央国民经济人民委员部等几十个部委、局、校等职能机构。

外交部的外交窗口
苏区红色电台的故事

功不可没的 100 瓦电台

红军在第二次反"围剿"的九寸岭战斗中，缴获了国民党军第二十八师师部的一部 100 瓦电台。它不但可以发报，还可以对外广播。"我们就用 100 瓦电台发新闻、广播。"老红军、原中华苏维埃临时中央政府电台部主任刘寅回忆说，"就在当年，用它叫通上海党中央，这是第一功；中华苏维埃第一次全国代表大会，我们用它广播、发新闻，又是一功；从这里发出了临时中央政府的对外宣言。王稼祥部长称这个广播电台为外交部的一个'外交窗口'，其功更不可没……第一个广播电台就诞生在中央苏区。"

1931 年 1 月上旬，红一方面军总司令部在宁都小布村组建了第一个无线电通信大队，毕业于国民党军政部交通技术学校无线电通信专业的王诤任大队长，电台部主任由通信专业出身的刘寅担任。无线电通信大队按照参谋处的指示，在参谋处的院子里架

叶坪中华苏维埃共和国临时中央政府旧址（中华苏维埃第一次全国代表大会会址。原为谢氏宗祠）

第二部分 人民共和国雏形

起天线，开始工作。

电台部包括主任在内只有两人，他们24小时轮流值班，主要任务是抄收国民党中央社发的新闻，翻译出来供领导参阅。当时在苏区看报纸困难，消息闭塞，有了电台后，一下子把闭塞的局面打开了。后来，刘寅他们把抄收到的新闻油印一张，并题上刊头，叫《参考消息》，送给总参谋部领导参考。

红军在第二次反"围剿"期间，无线电通信大队利用仅有的一部半电台，创造了单向拍发电讯的通信方式，就是由大队长王诤和伍云甫两人带一部能够拍发电讯的电台随红军总部在前方，由刘寅、曾三带只能收报、不能发报的"半部电台"随苏区中央局在后方，只要前方有最新的战斗消息，王诤、伍云甫就通过电台向留在后方的"半部电台"发报，刘寅等人24小时守着"半部电台"，前方的消息后方很快就知道了。

1931年11月初，中华苏维埃第一次全国代表大会即将在瑞金叶坪村召开，无线电通信大队已升格为总队，并随红军总部迁到叶坪村，驻扎在离"一苏大会"会场不远的一处民房中。1931年11月7日，"一苏大会"顺利召开。中共苏区中央局委员王稼祥把中央政府成立后的第一个对外宣言，郑重地送到无线电通信总队，命令电台部主任刘寅要一字不漏地对外广播。刘寅双手接过宣言后，专心致志地看了一遍，然后神色严峻地坐在电台前，一字一句地对着话筒开始广播："中华苏维埃共和国临时中央政府于一九三七年十一月七日俄国十月革命纪念节于江西正式成立

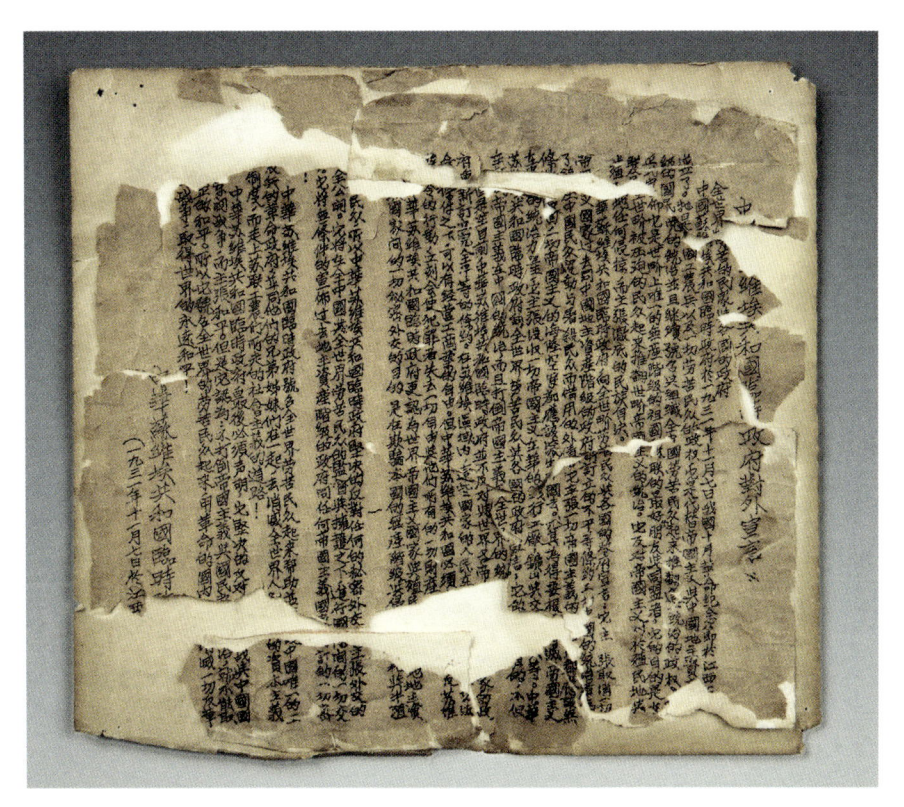

《中华苏维埃共和国临时中央政府对外宣言》（国家一级文物）

了。它是中国工农兵以及一切劳苦民众的政权……它正式宣布它是世界上唯一的无产阶级的祖国——苏联的最好的朋友与同盟者。它的目的是在联合全世界被压迫的民众起来推翻世界帝国主义的统治。它反对帝国主义对于殖民地与半殖民地任何侵掠，而主张彻底的民族自决。……"刘寅把《中华苏维埃共和国临时中央政府对外宣言》播完后，紧张得额角上浸出许多汗珠。坐在一旁的曾三为他擦汗，并高兴地说："刘主任，我听过你很多广播，这次最有激情，全世界共产党和共产主义组织的电台一定抄下了你的稿子。"

刘寅听完曾三的话，心里将信将疑：外边的世界与这里隔着千山万水，能接收到吗？真能抄下来吗？可是，不容他怀疑，在"一苏大会"上当选为中央外交人民委员部（以下简称"中央外交部"）委员（即部长）的王稼祥，把刘寅、曾三的广播室，变成了中央外交部的一个"外交窗口"。

随后，"外交窗口"向外广播了《致全世界无产阶级及被压迫民族电》，阐明了中华苏维埃共和国的对外政策。不久，电台收到了苏联等国的共产党组织在会议期间发来的贺电，对苏维埃中央政府的成立表示祝贺和声援。

第二次全国苏维埃代表大会召开前夕，中共中央于1934年1月15日，向苏联、德国、朝鲜等国共产党发出电函，宣布将举行"二苏大会"，并邀请他们派代表与会。"二苏大会"召开时来了朝鲜、越南、印度尼西亚等国和地区的代表。大会还利用电台发布了致苏联工人和集体农庄农民电，在苏联国内反响强烈。中央外交部在"全世界无产者联合起来"的原则指导下，通过电信交往、外交文件，加强了中国革命与世界无产阶级的联系，使中国革命取得世界无产阶级的支持与援助。

1934年10月，中央红军开始长征，王净、刘寅、曾三等人随机一同长征。在到达川西毛尔盖地区时，与红四方面军会合。在与红四方面军的电台部主任王子刚等人见面并交流经验时，刘寅问王子刚有没有抄到从瑞金发出的广播稿。王子刚快人快语地回答说："抄到了,全部抄到了。"刘寅听后,面露喜色,紧紧握住对方的手。多年后,刘寅到苏联学习,找到当年该国电台话务员并问及此事,对方也回答说:"抄到了。"刘寅悬在心头的"疑惑"终于解除了。

红都小课堂

中央外交人民委员部

中央外交人民委员部(简称"中央外交部")是临时中央政府下辖"九部一局"之首,主管苏维埃共和国的一切对外事务,部址就设在"一苏大会"会场里面用木板隔成的小房间里。中央外交部共3名工作人员,部长王稼祥办公和住宿均在这间窄小的办公室里。中央外交部除了国际外交,还担负着与白色区域各民主党派和少数民族进行交往联络的重任,这是在革命战争的特殊环境里,历史赋予中央外交部的特殊使命。

我明天就重新入伍

动员保卫苏维埃的故事

红五月扩红

　　1934年5月,敌人对中央革命根据地发动的第五次"围剿"已到白热化程度。红军在连续的战斗中伤亡惨重,减员严重。为扩大红军兵源,充实红军队伍,党中央和中革军委发起了著名的"红五月扩红运动"。5月14日,中革军委主席朱德签发了《武装起来,到红军中去——中央革命军事委员会告赤少队员工农群众书》,并在18日的《红色中华》《红星》上公开发表。宣言庄严地呼吁:"前线炮火连天的响着,我们与敌人已经到了最后决战的关头!……只有武装,只有战争,只有千百万群众的力量……才能保卫苏维埃,最终的战胜敌人!"

　　1934年5月的一天傍晚,雷雨过后的天边出现了一丝丝红色晚霞。石园村口的一个土堆上站着一位面容姣好、挺着大肚子的少妇,她叫杨冬发娣,她的丈夫毛能华在15里外的中革军委印刷厂工作。杨冬发娣明显有些焦急,像有什么事需要丈夫回来处理。

中央军事人民委员部办公室

原来,几天前区、乡两级政府军事科长及扩红突击队来家里做杨冬发娣的工作,要她动员丈夫重新入伍,参加红军,为保卫苏区建功立业。扩红突击队首先做她婆婆的工作,婆婆未等来人说明来意便打断他们的话,大声地说:"你们看看我这双小脚,能下田做事吗?我儿媳妇现在挺着大肚子,我儿子能离开吗?"动员工作陷入僵局。突击队员了解到,毛能华的父亲患痨病多年,虽有一手厨艺却无人雇请,还要长年吃药;毛能华的妻子因有孕在身,不能劳动,毛能华还有几个未成年的弟弟妹妹。作为全家的顶梁柱,毛能华能离开家吗?

这天,毛能华因在厂里加班,晚了一个多小时回家。他一回到家,晚饭还没有吃完,母亲就把扩红突击队来家的情况全都告诉了他,并用埋怨的口气说:"华仔,你17岁那年,把锄头丢在灰寮里，偷偷跑去当红军，害得全家人找得好苦，后来在乡里看到你的名字，才知道你当红军去了。你知道我为你哭了多少回吗？你不为我们着想，也要为你老婆肚子里的孩子着想吧？明天扩红突击队的人再来，你可不能松口，要坚持不去！"

毛能华22岁，中等个子，国字脸，长得很结实。父亲身体好时凭厨艺积攒下一些钱，让他这个长子读了几年私塾，算是文化人。父亲把他送到长汀县的毛铭新印刷所当学徒，两年后即将学成可单独工作时，国民党军卷土重来，又占领了长汀城，毛能华无奈回家，拾起锄头做了一名农民。17岁那年，红军来到瑞金，并驻扎下来，毛能华和同村的伙伴们商量后，丢下农具一同参加了红军。毛能华有文化，脑子灵活，被分配在红一军团下面的一个营部里当文书。两年多后，苏维埃共和国临时中央政府成立，毛铭新印刷所搬到瑞金，并增设了四五个印刷分厂。上级首长知道他是学印刷出身，便让他转业到中革军委印刷厂工作，很快，毛能华就成了印刷厂的技术骨干，不但有工资，还离家近，休息时可以回家。

敌人的重兵"围剿"，让中央苏区的形势越来越严峻了。毛能华在印刷厂上班，接触到的都是与军事有关的消息，非常明白前线兵源奇缺，印刷厂已有许多工人报名参加红军去了。同事们也邀他一起去，说："你在红军部队里当过文书，有经验，一定能成为一名将才。"他也是热血青年，对国民党反动派深恶痛绝，想再上前线杀敌去。但是，想想父母、未成年的弟弟妹妹，还有妻子及未出生的孩子，冒出来的想法又退了回去。

第二天，扩红突击队员准时来到毛能华家，毛能华热情地招呼大家坐下。毛能华的母亲依然坚持昨天的观点，强调家庭困难。突击队长是一位 30 岁出头的红军烈属，嗓门大，说话有理有据，善于做思想工作。她对毛能华的母亲说："嫂子，现在大敌当前，没有国家，哪有小家？你不参军，我不参军，谁来保卫我们的大家？当红军是光荣的事，家里的困难，我们红属耕田队、割禾队、柴草队会解决。华仔当兵时，我们不是为你家莳田、割禾，送过柴草吗？"

中央苏区的拥军优属工作做得很好。突击队长的一席话让在场的人平静下来，大家的目光都投向毛能华。

扩红标语：加入红军，夺取国民党武装，驱逐一切帝国主义出中国境！（国家二级文物）

扩红标语：加入红军，拥护中华苏维埃中央政府对日宣战！（国家二级文物）

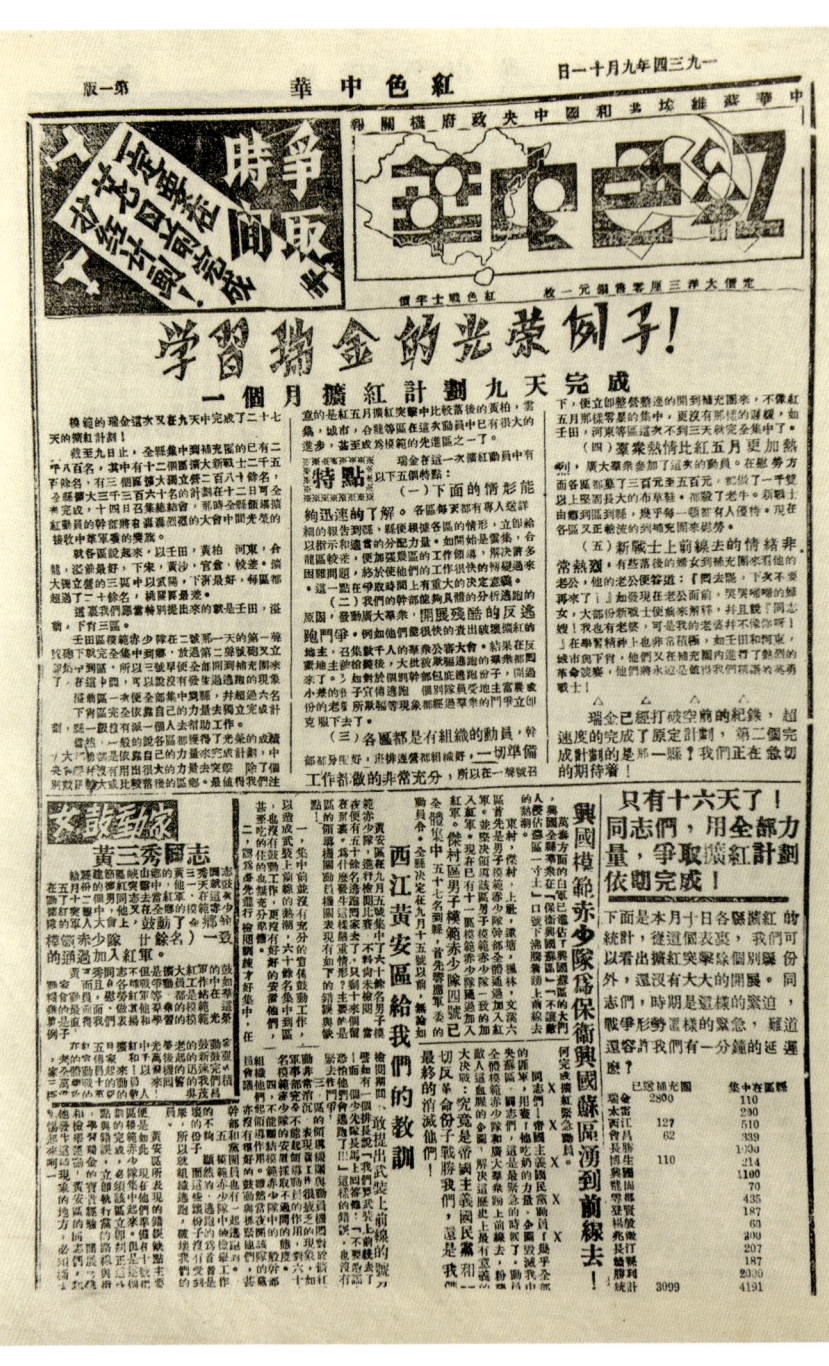

《红色中华》报关于扩红的报道

毛能华此刻也陷入矛盾中，亲人的目光让他不忍直视。旋即他脑海中闪现出了冲天的火光，还有红军战士冲杀的喊声，敌机的轰炸，倒塌的民房，苏区群众纷纷倒在敌人的枪口下……毛能华噌地站起身，向大家敬了个军礼，大声地说："我明天就重新入伍，重返前线杀白狗子！"

第二天，在家人及众乡亲的目送下，毛能华离开了石园村。毛能华回到红一军团，先在一个团当文书，后来当上连长、营长。在长征中，他担任某独立团团长，在贵州山区带领30多名战士化装成中央军，缴获了敌人一个保安团的所有装备。在四川过草地时，毛能华因饥饿倒在深不见底的沼泽里，长眠在川北，年仅23岁。

红都小课堂

中央革命军事委员会

1931年11月7日召开的"一苏大会"上，宣布成立中央军事人民委员部，朱德为军事人民委员。11月25日，又组成了以朱德为主席，彭德怀、王稼祥为副主席的中央革命军事委员会（简称"中革军委"），作为全国红军最高领导和指挥机关。毛泽东在"二苏大会"上说："中央革命军事委员会的建立，统一了全国红军的领导，使各个苏区各个战线的红军部队，开始在统一的战略意志之下互相呼应与互相配合的行动起来。这是由散漫的游击队的行动进到正规的与大规模的红军部队的行动的重要关键。"

苏区工人的"好娘家"
重新颁布《劳动法》

实事求是，修订《劳动法》

劳动创造了财富，但千百年来创造财富的劳动者获之甚少，远远低于劳动的付出。中华苏维埃共和国临时中央政府成立后，在政府内设立了中央劳动人民委员部（简称"中央劳动部"），苏区群众特别是苏区工人的劳动成果和劳动权利得到有效保护，但1931年颁布的《劳动法》不久就被修订，这是为什么呢？

1932年12月的一天早晨，北风呼啸，一位身穿工人服装的中年男子急匆匆地来到瑞金沙洲坝枣子排的中华全国总工会苏区中央执行局驻地，找到委员长办公室，张口就问："你就是委员长刘少奇同志吧？我已把工厂关门了，不做老板了，今天来是请委员长介绍我到别的工厂当工人，这样可以让全家人生活得安稳，不愁吃喝。"坐在办公桌前的刘少奇委员长听得一头雾水。他赶忙让来人坐下，并倒了一碗热气腾腾的开水递给客人喝，示意对方慢慢说。

中年男子一碗热水下肚后，神情不那么焦急了，作了自我介绍：他是汀州人，叫林上星，在城里开了个烟厂，有30多名工人。自从临时中央政府颁布了《劳动法》后，他与雇工按照《劳动法》签订了劳动合同，半年后清账时发现厂里亏损数百块大洋。工厂开得越久，亏得越多，简直是无法生存了。林上星是位精打细算的商人，不但会经营，还有文化，他总结了亏损原因：一是工人工作时间短；二是假期多；三是福利高；四是工人自己和家人的生老病死都要工厂全额负担。林上星说："我粗略算了一下，一年内一个工人的假期有175天，不做事，还要发给全额工资。工人家属一旦出现生老病死，老板就倒霉了。现在我们汀州城有许多商店、工厂都关门歇业了，无法开办下去。我说的句句属实，你们可以到汀州城看看。"

刘少奇从上海刚到中央苏区，担任中华全国总工会苏区中央执行局委员长不到半个月，对中央苏区工会工作刚理出个头绪，其他还是未知数，但林上星反映的问题引起了他的注意。作为中

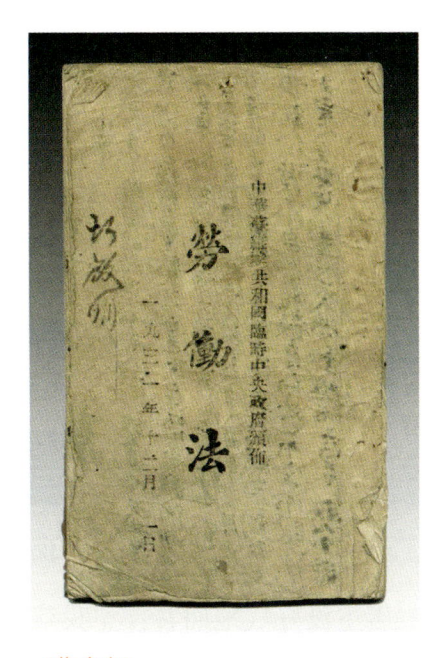

《劳动法》

华全国总工会领导,在苏区的使命是为工人说话,为工人谋利益,可也不能一味地袒护工人,也要站在商家的位置上想一想,商家如果无利可图,还要背负一身债,自然会停业关门。只有既让商家获得利润,又让工人得到实惠,实业才能持久发展下去。

为摸清情况,第二天,刘少奇带上通信员径直来到汀州城,在城内的街道逛了一圈,看到确有许多商店大门紧闭,门边挂着"停业休息"的牌子。他来到一家开着门的杂货店内,只见货架上商品寥寥无几,只有一些笋干、香菇,店主伏在柜台上打瞌睡,顾客来了也不知道。刘少奇叫醒他,佯装买货,随口问道:"你的伙计呢?顾客来了也不打招呼?"店主没好气地回答:"我就是伙计,哪有什么老板!全汀州城的店主都要变伙计了。再这样下去,我恐怕伙计都做不成了,回老家种田吧,反正农村有田分。"

刘少奇听店主发完牢骚,坐下与店主攀谈起来。在交谈中,他发现现有的《劳动法》产生的后果比林上星反映的情况还严重:雇主满足不了雇员依照《劳动法》规定的待遇,有的雇员就把雇主告上劳动法庭,以前是雇佣关系,现在成为"敌人"关系。商店、工厂因亏本,无钱进货,皆处于半死不活状态。店主情愿去当工人,可以保证一家老少有饭吃,有房住,有钱看病……刘少奇把杂货店店主的话一一记在本子上。

从杂货店出来,刘少奇又走访了几家店,发现情况基本相同。现在是敌人封锁包围中央苏区最为严峻的时期,本来苏区内生活物资就奇缺,生产的特产又卖不出去,再让工人与老板们产生纠

沙洲坝中华苏维埃共和国中央劳动人民委员部旧址

纷,其后果是极其严重的。刘少奇决定将情况上报临时中央政府,重新修订《劳动法》。

一个月后,中共临时中央政治局常委陈云来到瑞金,任中华全国总工会苏区中央执行局副委员长兼党团书记。刘少奇把自己调查走访的情况告诉了陈云。陈云在上海党中央是搞经济工作的,他表示调查清楚后一定向中共中央局反映,把"左"的一套纠正过来。

不久,陈云到瑞金、长汀走访调查10天,发现与刘少奇的调查结果一致。于是,陈云、刘少奇向中央劳动部作了汇报,建议把《劳动法》中"左"的不合理的条例删除,并结合中央苏区的实际,增减条文,重新修订《劳动法》,尽快实施。刘少奇、陈云反映的情况,引起了中央劳动部及临时中央政府和中共中央局的重视。1933年3月28日,人民委员会第38次例会修改《劳动法》,纠正了一些"左"的条文。1933年10月15日,新的《劳动法》颁布实施,旧的《劳动法》同时废止。

修订后的《劳动法》颁布实施那天,被商家、工厂主视为黄道吉日,鞭炮成了抢手货,许多商店、工厂重新开张、生产。新《劳动法》兼顾了全局与个人、整体与局部的利益,既保护了工人的权益,也保证了商家、工厂主有经济实力办下去,这是双赢的结果。这种结果,无形中为红军取得第四次反"围剿"胜利,作出了一定的贡献。

红都小课堂

中央劳动人民委员部

1931年11月7日至20日，在瑞金叶坪召开了中华苏维埃第一次全国代表大会，宣告中华苏维埃共和国临时中央政府成立。中华苏维埃共和国临时中央政府同时组建了中央劳动人民委员部（简称"中央劳动部"），而且颁布了我国第一部《劳动法》。中央劳动部由人民委员会副主席项英兼任部长。中央劳动部的主要职责是管理有关劳动保护、劳动力的使用调剂和社会保险等事项。同时，对下级劳动部门和工作予以检查与指导。中央劳动部下设劳动保护局、失业工人介绍局，后又增设社会保险局。

1931年颁布的这部《劳动法》盲目照搬苏联的劳动法，脱离了苏区实际情况，经过修订，1933年10月15日颁布了新的《劳动法》。

中央劳动人民委员部是新中国人力资源和社会保障部的前身。

刘奶奶退还公债券
苏区人民踊跃支援前线的故事

"千箩万担送公粮"

"扁担弯弯一行行,千箩万担送公粮,鸡啼五更唔(不)算早,山路百里唔(不)嫌长。"这是当年中央苏区广为流传的一首歌谣,歌词道出了苏区人民一心为公,为保卫苏区政权,舍小家,爱国家,积极支援革命战争的动人场景。

瑞金东南方向有一个小山村叫田坑村,离县城约10公里。田坑村有一位叫刘菊秀的红军奶奶,她有两个孙子,17岁的大孙子1932年正月参加了红军,在前线打仗;小孙子在列宁小学读书。当年重阳节,刘菊秀把饲养了一年多的肥猪杀了,卖了五块大洋,可是放到箱底下还没几天,就因小孙子一句话,买了公债券。

事情是这样的:一天,小孙子放学回家,例行把在学校听到的"新闻"说给奶奶听,除了一般"新闻"消息,还有一个关系

线描画：《积极购买公债支援革命》

到她大孙子的重大消息——全苏区人民都在买临时中央政府发行的公债，买了公债就等于支援了国家，帮助了红军。小孙子一双机灵的大眼睛盯着奶奶，说："奶奶，你就把卖猪的钱买公债吧！哥哥在前方杀白匪军，如果吃不饱饭，怎么能打胜仗呢？奶奶，买吧！我们学校的老师都买了呢！"

刘奶奶听后，有一股劲儿从心底升起，脑中闪出了一队队红军开赴前线的情景，其中就有大孙子的影子。她摸着小孙子的头说："我带上钱，先到你们学校去了解一下情况。"

列宁小学离刘奶奶家不远，小孙子陪着奶奶很快就到了，刘奶奶对校长说明来意，校长告诉她，前方吃紧，苏区物资缺乏，临时中央政府发行了120万元革命战争公债，券别有五角、一元、二元、五元四种，买了公债，就是支援了红军。刘奶奶未等校长说完，就掏出五块大洋说："我一个小脚女人，进城不方便，请校长替我买四块大洋的公债吧，我还要留一块大洋给我这个小孙子做件衣裳过冬呢。"

转眼到了1933年3月，政府发行的120万元公债开始兑钱了。正在这时，中央提倡"节省80万元支援前线"，苏区各地包括军、政机关等不但节省办公经费，还节省粮食，并号召"还回公债，就当作支援政府吧"，外面发生的"新闻"又经小孙子的口传到了刘奶奶的耳中。刘奶奶坐不住了，把压在箱底的四块大洋的公债券拿了出来，对小孙子说："我这次要上'红匾'，为你哥哥争光，也为你在学校争光。我们把这四块大洋的公债券还回政府。"说完，刘奶奶决定亲自进城把债券交到县政府领导手里。

第二天吃过早饭，小孙子请假陪奶奶进城。他10岁了还未进过县城，所以一路上很开心。刘奶奶揣着四块大洋的债券跟在小孙子后面，奶奶因缠着一双小脚，走起山路特别吃力。她紧走慢赶，很快额角上就浸出了汗珠，而且小脚被路上的沙石硌得钻心痛，不到一个时辰就觉得吃力了。10公里山路，上坡下坡，累得刘奶奶气喘吁吁，走一段就要坐在路边休息一会儿，而小孙子蹦蹦跳跳的，一路挺高兴，还催着奶奶走快点。祖孙俩到了县城时，已近午饭时间，因小孙子识字，他们很快找到县政府公债券兑换点。

刘奶奶看到兑换点前挤着几十个人，手里都拿着债券，有的要兑换现钱回家购物，有的把债券放在工作人员前面的桌子上，

中华苏维埃共和国中央财政人民委员部委托国家银行代行发行的壹圆革命战争公债券

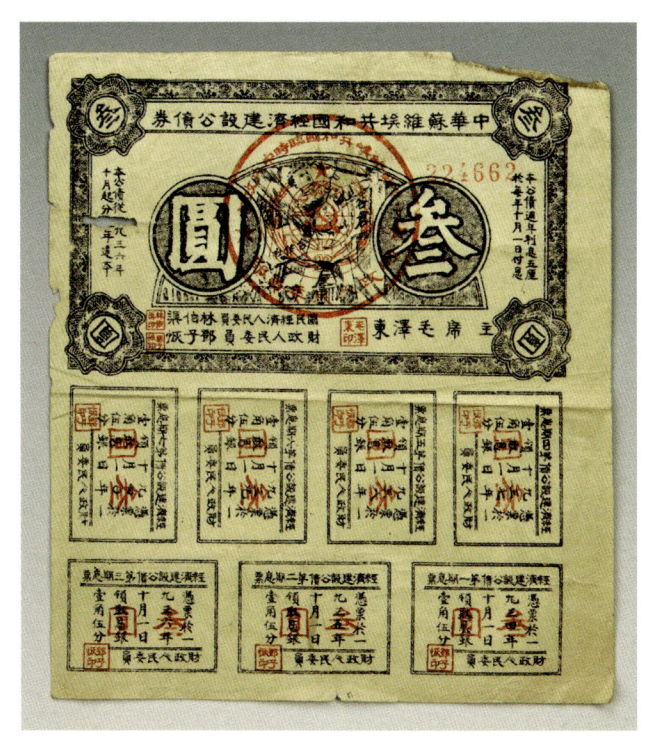

中华苏维埃共和国中央财政人民委员部委托国家银行代行发行的叁圆经济建设公债券

第二部分 人民共和国雏形

大声地说："请同志哥登记一下数字，把它还回政府，就算是我支援前线的钱吧！"

刘奶奶一手拿着债券，一手抓着小孙子的手，挤到台前，把债券递到工作人员面前，说："小兄弟，我把这几张债券还回国家，我不兑钱了。现在国家有困难，政府开支不够，我是红属，更应该体谅政府的难处。"工作人员打开债券，一看是四块大

红都小课堂

中央财政人民委员部

俗话说："兵马未动，粮草先行。"这句话在中央苏区时期尤显重要。1931年11月，"一苏大会"上中华苏维埃共和国成立后，随即组成中央财政人民委员部（简称"中央财政部"），邓子恢担任部长。中央财政部统一了税则，取消了国民党的各种苛捐杂税。由于当时残酷的战争环境，筹集战争经费、保障红军各项供给及苏维埃政府各项费用供给成为中央财政部最主要也是最基本的职能。当时，战争经费主要靠打土豪及战争缴获来筹集，发行公债也是筹集经费的重要手段。第四次反"围剿"时，中央财政部委托国家银行代行发行革命战争短期公债60万元，1932年10月又发行了120万元革命战争公债，1933年发行经济建设公债300万元。苏区的干部群众积极购买，待兑换债券时，又踊跃还回公债，不要一分钱，有力地支援了革命战争和苏区的经济建设。毛泽东指出："苏维埃财政的目的，在于保证革命战争的给养与供给，保证苏维埃一切革命费用的支出。"

洋的债券，便说："老奶奶，您买了这么多，要不要兑两块债券钱回去？""不用了，全部还回公家吧。"刘奶奶坚定地回答，"我大孙子是红军，说不定他还在等我这个奶奶送钱给他买果子吃呢，他的饭量正是大的时候……"她说到这里，眼泪潸然而出。兑债券的群众听到刘奶奶的话，纷纷围拢过来，劝慰她，赞扬她。县财政部的工作人员把她的名字记下来写在墙报宣传栏内的"红匾"上，当场表扬。刘奶奶的举动感染了前来兑债券的群众，他们也表示："还回公债券，不要国家一分钱！"

下午，刘奶奶牵着小孙子的手，脚步显得轻快了许多，如打了一个胜仗的将军般回到田坑村。她的举动一时在县城传为佳话，她的义举也上了《红色中华》报。

土地是农民的命根子
苏区的查田运动

分田分地真忙

1929年7月,中共闽西第一次代表大会召开,红四军党代表参加了大会,会上一致同意按人口平分土地,颁布了《土地问题决议案》。一时间闽西大地掀起了分田高潮,约有60多万人分得了土地。毛泽东看到农民喜气洋洋,荷锄生产;仰望起伏的群山、茫茫的林海,那如画的风景让他联想到国家的完整和兴旺,如一只无残缺的金瓯一样,顿时诗兴大发,张口吟道:"风云突变,军阀重开战。洒向人间都是怨,一枕黄粱再现。红旗跃过汀江,直下龙岩上杭。收拾金瓯一片,分田分地真忙。"

1933年2月的一天,临时中央政府主席毛泽东起了个大早,他坐在一棵樟树下,久久地凝望着眼前叶坪这个村庄。一场早到的春雨使周围的古樟树提前绽放新绿,温暖的气候,使叶坪上空披上了一层雾气。毛泽东的神情有些凝重。

叶坪乡是临时中央政府直属县瑞金县云集区第四乡,有10多

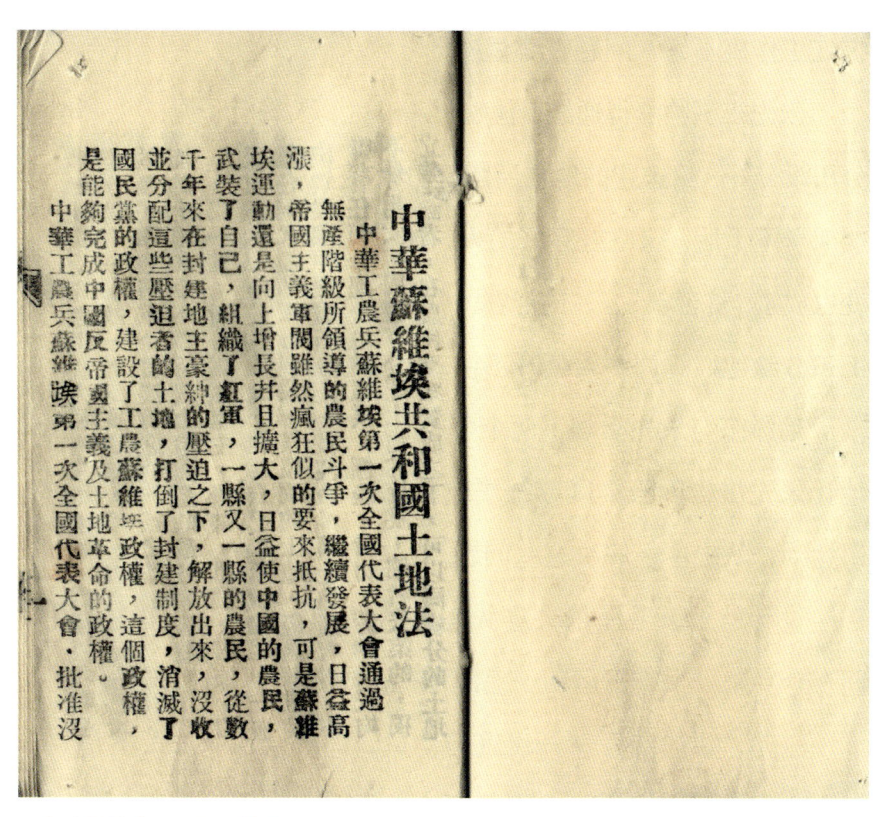

《中华苏维埃共和国土地法》

个自然村,是中央机关所在地,但就在眼皮底下的这个乡却成了"灯下黑"!农业生产和扩红工作一直是全区倒数第一,是有名的落后乡。毛泽东决心要解开这个疑团,让落后乡变成先进乡。

吃过早饭,毛泽东带上警卫员来到叶坪乡苏维埃政府主席朱先祺家,想听一听他的看法。毛泽东的到来让朱先祺有些紧张,说不出一句完整的话来,毛泽东主动握住朱先祺的手,一阵问好后,打消了对方的顾虑,也拉近了距离。毛泽东说:"我今天来,是希望你这个乡苏维埃政府主席说说乡里的实情,为什么农业生产、扩红工作搞不好？问题在哪里？"

朱先祺满脸涨得通红，他喘了一口气，大着胆子说："一句话，分田没分好，给逃跑的地主还留着田；有些过去收租放债、雇长工、摆架子不干活，又吃好穿好的人，如今钻进了我们的组织，摇身一变也成了'贫苦农'了；贫苦农民分的田少，还把坏田、中田当好田、上田分给他们。许多人公开不讲，背地里意见大得很呀！……"

毛泽东与朱先祺聊了两个多小时，找到了叶坪乡问题的症结。他让朱先祺告诉云集区苏维埃政府主席，要在叶坪乡开展一个查田运动，从根本上解决这些问题。

说干就干，毛泽东决定从2月中旬到4月中旬，用两个月时间在全乡来一个查田运动。毛泽东提出查田运动分四步走：

一是"讲阶级"。开展宣传动员，向群众说明查田不是到田里去丈量人均有多少亩，而是要查阶级、查剥削。组织贫农团，让群众自己起来与封建半封建势力作斗争，打破房界、姓界，把隐藏在贫农、中农里的地主、富农、高利贷者清查出来，把混进党、政、群团中的坏人检举出来。

二是"查阶级"。采取自报和调查相结合的方法，由查田委员会收集、整理材料，处理查田中出现的各种问题。

三是"通过阶级"。查田委员会将每一个被查对象的材料，对照划分阶级的有关标准，提交党、政、贫农团等各个组织充分讨论，再召开群众大会通过。

四是"没收分配"。将没收的地主财产、土地以及富农多余

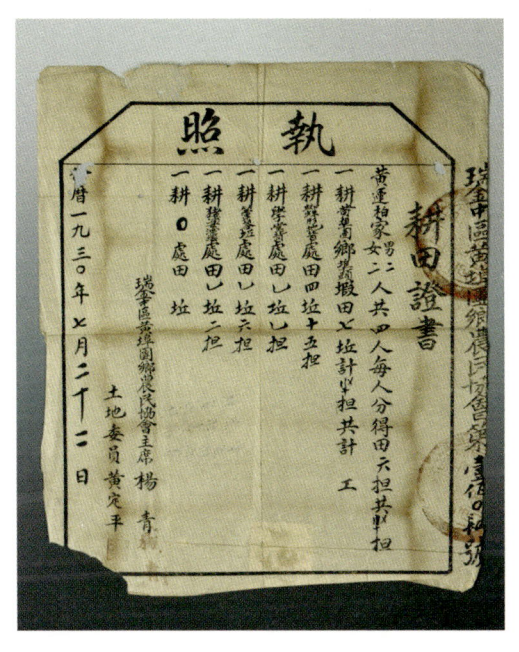

耕田证书

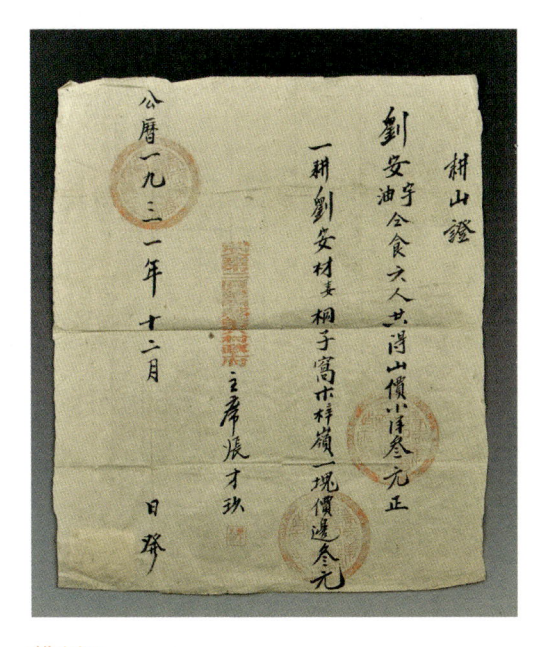

耕山证

第二部分　人民共和国雏形

的土地，分给劳苦群众。

叶坪乡查田委员会成员共29人，朱先祺担任委员会主任。他认真地带着委员们走村串户，一户不落地查了一个月左右。在执行毛泽东提出的"分四步走的议案"过程中，中央土地部的王观澜同志全程指导，有的委员碰到"阶级不清""不好定阶级"等问题时，王观澜都一一给予解答和分析，使委员们带着"疑问"来，领着"答案"回，很少出现差错。

查田活动结束时，叶坪乡查出28家地主、富农，连原有的4家（其中一家由富农改为地主），共32家，约200人；经过广大群众斗争，混进党支部和乡苏维埃政府代表会的坏人也被查了出来；没收土地共700多亩，除补足少分田人家的田地和留足红军公田外，全乡平均每人增加一石二斗田（注：从前农村人对亩的概念不清楚，就以产量来说明，大约三石合一亩），中农也得到了利益……

毛泽东在王观澜陪同下，来到叶坪乡苏维埃政府，在查田结果公布栏前驻足观看，脸上露出了笑容。

叶坪乡查田运动取得了很大的成功，达到了预期的效果，激发了群众的劳动干劲和革命热情。全乡农民耕作的劲头一阵高过一阵，劳动互助组、犁牛合作社的互助热情一浪高过一浪，一批年轻人拥向乡苏维埃政府，要求当红军。

叶坪乡的查田运动，对附近的乡村影响很大，村民纷纷要求中央政府领导去他们那里来一次查田运动。临时中央政府和中共苏区中央局因势利导，决定在全区范围内进行普遍深入的查田运动。1933年6月1日，毛泽东主席签署了《中华苏维埃共和国中央政府关于查田运动的训令》；6月2日，中共苏区中央局在听取了毛泽东和中央土地部报告后，作出了《关于查田运动的决议》，查田运动在中央苏区全面展开。

查田运动开始后，仅7月、8月、9月三个月，中央苏区的江西、福建、粤赣三省共计查出地主6988家、富农6638家，收回了大量土地。

红都小课堂

中央土地人民委员部

土地是农民的命根子。获得解放的广大苏区群众最盼望的是有一块属于自己的土地。1931年11月，中华苏维埃共和国一成立，就颁布了《土地法》，随后在临时中央政府内成立了中央土地人民委员部（简称"中央土地部"），首任部长张鼎丞。中央土地部设置了调查统计局、没收分配局、土地建设局、山林水利局等机构。1933年5月，中央土地部根据临时中央政府土地权农有政策，适时推出了实行土地登记、发证书的新举措。领到耕田证书的农民纷纷奔走相告，激动不已。虽然耕田证书只是一张小小的纸片，但上面清清楚楚地写着耕者的姓名、亩数，并盖有中央土地部的大红印章。分到土地的农民生产积极性空前高涨，中央土地部又采取了一系列支持农民生产、农业发展的措施，苏区农业得到很快发展，粮食连年丰收。

要让农民的子女都能上得起学堂
阳光照耀下的苏区教育

大家都要读书、识字

1933年农历正月十六,云集区列宁小学开学时,瑞金县苏维埃政府代表杨荣兴对孩子们说:"你们是苏维埃的主人,你们今天来读书,不是读来想做官、想发财,而是要学得普通知识,受得革命教育,来做我们应做的事。做工的人,耕田的人,当红军的人,大家都要读书、识字,大家都要受革命教育。"

苏维埃政权建立之初,红军中绝大多数人未受过学校教育,地方上许多县一级干部也是文盲或半文盲。以瑞金为例,全县只有一所中学、两所小学。师生共300人左右,学生皆为官员、富家子弟。

"有钱人盼过年,穷人家愁年节",这话一点不错,家住桃黄区(现叶坪乡境内)洋坊乡的杨世海就是个愁过年的主儿。杨家祖祖辈辈都是贫苦的种田人,眼下他愁的不仅仅是没钱过年,更主要的是五个儿女的教育问题。因为杨世海不会忘记自己因不识字，被地主老财讹诈的往事：20多岁时，他在离家30里远的刘姓地主家做长工，因父亲在砍伐树木时不慎被树压死，他无钱埋葬父亲，只好向地主借钱。地主答应了，说借的钱在每年的工资中扣除。于是他请地主的管家代自己写了"借到50块大洋"的借条，抵5年工资。他因不识字，只按管家说的在左下角借钱人处按了手印。待5年期到时，地主说不是50块大洋，也不是抵5年工资，而是70块大洋，做满7年工才可清账。杨世海一听蒙了，吃了没文化的亏，不得不在地主家白白地多干了两年农活。当时他就想，等自己有了儿女，一定要送他们读书，哪怕读到高小毕业（指小学毕业）也行，那样才不会活得那么窝囊。现在，杨世海的大儿子已经12岁了，但因家底薄，怎么也攒不到把子女送到城里读书的费用。

杨世海越想越烦，便扛起锄头来到自家田里。当他看到去年分到手的6亩水田时心胸才有一些开朗，田是自家的了，元宵节一过，几个大的孩子都要参加田里的劳动。杨世海正思忖着，忽然从远处传来妻子的大嗓门："世海，世海……快回家吧，乡苏维埃政府主席和小学校长来我们家啦！"妻子的嗓门一停，大儿子的声音又接着传来："爸爸，我们有书读啦，校长说我们可以上学啦！……"

杨世海乍一听，以为是在梦中，待大儿子的声音传来，才知道是真的。他扛起锄头就往家跑，到家一看，家里早已围满了人，大人小孩喜笑颜开，把乡苏维埃政府主席和校长围在中间。杨世海与乡苏维埃政府主席和校长打招呼后，站在那里不知所措。乡苏维埃政府主席对乡亲们说道：

"我们的下一辈有福啦，从今春开始可以在乡列宁小学读书了。我们这些耕了半辈子田的泥腿子也可以晚上读扫盲班、认字班了。过了元宵节，村里就会办起夜校。现在请我们的校长讲话，他刚从县列宁师范学校毕业，年轻啊，今年才18岁！"

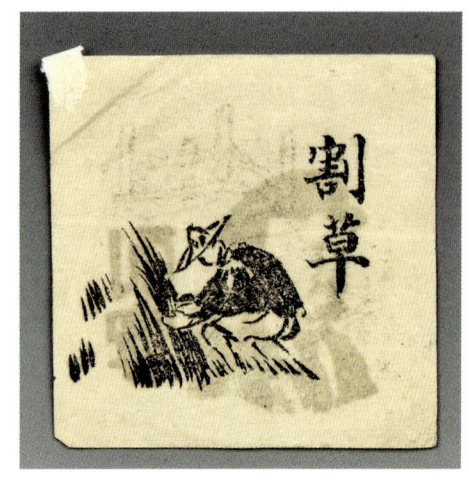

苏区时期的识字卡片

校长是位刚出校门的学生，听乡苏维埃政府主席一说，脸上一阵红，他告诉大家：临时中央政府自设立教育部以来，一直致力于先办列宁师范学校，解决师资问题。各级苏维埃政权建立一年多了，学校还未全面成立，就是教师严重缺乏。同时苏区人民，有的还无条件上学读书，需等待。最后校长说："洋坊乡列宁小学年初就成立了，全乡7岁到15岁的儿童都可以来校读书，免学费，只需买课本的钱。现在全校只有两名教师，元宵节后会再分配两名教师来。成年人可以上夜校，扫盲、识字都行。老师还是我们学校的老师，白天教学生，晚上教学生的家长，你们不要称我们'先生'，叫老师，叫老师多亲切啊！"

校长的发言，赢得一片掌声。杨世海到这个时候才真正相信眼前的事实。元宵节过后，农历正月十六，他老早就把三个孩子送到新办的列宁小学，自己和妻子报名读扫盲班。白天三个孩子上学，晚上父母带着小弟妹上夜校，全家其乐融融，到处听得见读书声："天地间，人最灵，创造者，工农兵……"

红都小课堂

中央教育人民委员部

中央教育人民委员部（简称"中央教育部"）是苏区教育工作的国家行政机关。"一苏大会"上选举了瞿秋白为部长，徐特立为副部长。因瞿秋白还在上海，苏区的教育工作实际由徐特立负责。"儿童是革命的新后代，是社会的建设者"，党和苏维埃政府十分重视儿童教育。他们克服困难，普遍地办起列宁小学，使学龄儿童在战争年代普遍获得了上学的机会，健康活泼地成长。据"二苏大会"统计，中央苏区的江西、福建、粤赣三省有列宁小学3052所，学生89710人，先进县学生入学率达到60%，而当时号称教育最发达的江苏省学生入学率只有13%。

中央教育部在战火纷飞、硝烟弥漫的战争环境中，在文化落后的山区农村，为普及文化、消灭愚昧，作出了令人瞩目的贡献。毛泽东在"二苏大会"上的报告中说："谁要是跑到我们苏区来看一看，那他就立刻看见这里是一个自由的光明新天地。"

苏区时期的识字课本和《苏维埃教育法规》

　　徐特立是苏区五老之一，是毛泽东的老师，到中央苏区前，他已从事了20多年蒙馆、中小学和中高等师范教育工作。他凭借渊博的知识、丰富的经验，对苏区教育事业进行了卓有成效的伟大实践。他亲手制定教育文化法令、法规，使苏区出现"造干部、造学校、造文化、造民众运动"的新局面。徐特立还创办了瑞金列宁师范学校，为苏区培养了600多名教师。

总参谋长吃辣椒"被抓"
苏区大搞卫生运动

卫生竞赛人人参与

1933年3月,中央内务部制定和颁布《苏维埃区域暂行防疫条例》和《苏区卫生运动纲要》,要求群众性的卫生运动"天天做,月月做,年年做,家家做,乡乡做"。《苏区卫生运动纲要》要求各级都要成立卫生运动组织,各地各单位都要规定卫生运动日。苏区各单位开展了卫生竞赛。

大力提倡卫生运动,是中央内务部着力推动的一项工作。

1932年春,临时中央政府常委会议决定,抽调党、政、军、群众团体的代表,组建"中央防疫委员会"。各单位、各区、各乡设卫生委员会,村设卫生小组,组织卫生宣传队、消毒队、掩埋队,还派人到列宁小学上卫生课。同时,乡与乡、村与村之间开展卫生竞赛。

中央防疫委员会分为三个卫生检查组,分片负责,不定期检查。其中第一组负责临时中央政府机关、中革军委机关及三所列

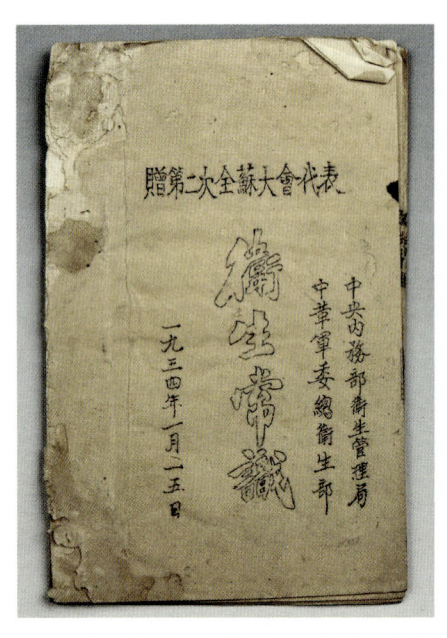

中央内务部卫生管理局、中革军委总卫生部编印的《卫生常识》

宁小学。第一组组长刘翠莲，是中央妇女工作委员会的一名女强人，做过接生大夫，又出身于草药世家。她是担任第一卫生检查组组长一职的最佳人选。

刘翠莲领着4名队员检查的第一站就是临时中央政府机关。检查组的到来，让办公厅主任赵宝成猝不及防，他赶紧笑脸相迎工作人员，倒水"慰问"刘翠莲他们。刘翠莲等人分头到各单位仔细"搜索"垃圾，发现了五个问题：一是废纸乱丢乱放，极不卫生；二是乱吐痰、擤鼻涕，易滋生病毒，传染病毒；三是鞋底粘着泥进办公室，使办公室内到处都有泥迹，黄泥、污泥都有，应在外剔干净泥巴，再进办公室；四是不清理蜘蛛网，蜘蛛虽然吃蚊蝇，但会弄脏办公室物品，传染病毒，有害无利；五是有的工作人员特别是领导干部烟抽得特别凶，抽多了不好，也防碍同室工作人员。

刘翠莲组长把检查出的五个问题写成文字材料，请办公厅主任赵宝成签字，限期整改。刘翠莲说："卫生要天天讲，月月讲，年年讲，人人讲，才能做到有益健康，强身健体。身体是革命的本钱啊！"

检查组从临时中央政府机关出来，刘翠莲忽然提议到临时中央政府副主席项英办公室看看，检查一下。于是，他们来到"一苏大会"会场左侧的一幢二层民房里，民房不大，包括所有工作人员在内才五间办公室。副主席项英正在批阅文件，抬头见刘翠莲进来，赶紧大声打招呼："刘大姐，欢迎你们前来检查卫生。"说着把检查组迎了进去，指着办公室说："看！我们很注意卫生吧！天天打扫，抹桌子、擦凳子，茶杯也很干净……"刘翠莲边看边点头，她看到项英的办公椅后堆了几件衣服，抓起来一抖，一股汗味冲鼻而来。刘翠莲马上捂着鼻子问："这是谁的衣服啊？穿多久了？"正在这时，项英的妻子张亮因事来找丈夫，看到眼前一幕，笑道："大姐，你来得好，替我管管他，我说了多次，叫他出外穿的衣服，回来要洗，不然堆在那里会有汗味。"项英一脸的尴尬。他赶紧说："我知错，知错，马上改，改！"说完，抢过有汗味的几件衣服去洗了。检查组人员都开心地笑了。

接下来是到中革军委机关检查。中革军委机关人员都有军人作风，办公室无垃圾，物品堆放得也很整齐，一看就让人心旷神怡，但在这时，出了个小插曲。为预防赤痢，中革军委卫生部规定部队不准吃酸、辣等刺激性食物。中革军委所有机关干部均是军队序列人员，都要遵守这一规定。检查组来到参谋部办公室，有一个队员眼尖，看到总参谋长刘伯承手上有个红辣椒，已被咬去一半，刘伯承被抓了个"现行"。刘伯承呵呵地笑着说："我认罚，认罚。"说着从口袋里又掏出几个辣椒递给检查人员。检查人员也不客气，全部没收。

刘伯承总参谋长是四川开县（今属重庆）人，爱吃辣椒，没有辣椒吃不下饭。吃饭时，厨房炒的菜不放辣椒，他只好偷偷藏几个辣椒在口袋里，时不时放在嘴里咬上一口，过过辣瘾，没想到被检查组"逮"了个现行。

总参谋长违规吃辣椒的事件受到通报批评。

苏区内一系列卫生运动的蓬勃开展，使各地环境面貌焕然一新，疾病大为减少，保障了工农群众和红军健康。

红都小课堂

中央内务人民委员部

中央内务人民委员部（简称"中央内务部"）于1931年11月第一次全国苏维埃代表大会后正式成立。它担负着城镇管理、拥军优属、救灾救济、户政地政、婚姻登记、邮政交通等工作，工作任务繁重。其下设工作机构主要有市政管理局、行政局、卫生管理局、交通管理局、社会保证管理局、邮电管理局等。中央苏区的内务工作，为苏维埃政府树立了良好形象，在扶贫济困维护社会稳定、改善苏区军民生产生活条件、建立苏区正常的工作秩序、提高人们的文明意识、激发苏区社会活力和协调发展社会力量、支援革命战争、巩固和发展红色政权等方面，都发挥了极其重要的作用。

中华苏维埃共和国中央内务人民委员部，是新中国民政部的前身。

《优待红军家属的漫画》

拥军优属工作是中央内务部的重要内容之一。中央内务部根据《中国工农红军优待条例》的规定，制定出台了各项措施，把优抚工作落到实处。如发动开展优待红军家属礼拜六义务劳动活动，为革命残疾人员及阵亡士兵的家属及时发放抚恤金，做好法律的解释工作，制作宣传画，切实解决红军家属的困难等，一系列有效措施激励着前方战士英勇杀敌。

自由恋爱两相好
苏区颁布了《婚姻法》

自由结婚更开心

"辫子剪掉庆翻身,妇女出来当红军。但愿红军万万年,自由结婚更开心。"这是一首苏维埃时期流传在瑞金的歌谣,扩红宣传队唱着这首歌谣鼓励妇女走出家门,参加红军,支援前线,追求婚姻自由。

1929年冬,红四军解放了瑞金县城,瑞金县第一个党支部由地下转为公开活动,成立了中共瑞金县委和县赤卫队等组织机构,在农村开展了轰轰烈烈的打土豪、分田地运动。

家住城郊黄埠头的钟玉兰正值16岁花样般的年纪,每天从家里采摘蔬菜挑到城里卖,她看到男男女女扛着梭镖,举着红旗,呼着口号,斗地主,批土豪,惩恶霸,非常羡慕,但想想自己的身世,只好压住心中的愿望在一旁看热闹。钟玉兰两岁时,因上面有5个姐姐,便被父母卖到黄埠头一黄姓人家,黄家把她收为童养媳，准备给二儿子做老婆。黄家是户殷实家庭，一年四季以种蔬菜谋生。钟玉兰5岁开始在村里读了两年私塾，能识些字，能算数。从4岁开始钟玉兰就随婆婆到城里卖菜，十来岁时就单独到城里做买卖了。

"打倒土豪，打倒劣绅……"一阵阵口号声传来，钟玉兰忘了卖菜，盯着一队队少男少女从自己身旁走过，突然从队伍中走出来两名与她年龄相仿的少女，对她喊道："你还愣着干什么？快参加我们的队伍吧，到西门口斗地主去！"钟玉兰怔了一下，忍不住被游行队伍吸引。她放好菜担，加入女生队伍中。傍晚回到家，因为一担菜只卖了几斤，其余的不知丢到了哪里，婆婆用荆条抽打钟玉兰，并辱骂不停，而"丈夫"缩在一旁，正眼都不敢看一下正在受辱骂的"妻子"。第二天，钟玉兰在婆婆再三警告下，带着伤又到城里卖菜，但这次她把菜贱卖完后，又加入到游行队伍中去了。她回家后，又遭到一顿打骂。于是，钟玉兰丢掉菜担，报名参加了县苏维埃政府妇救会工作。1931年，中华苏维埃共和国临时中央政府成立后，颁布了一部部治国安邦的法规、法律、条例，并向全苏区推广宣传，其中苏维埃《婚姻条例》受到了广大苏区妇女欢迎。钟玉兰因读过私塾，在妇救会里算是有文化的人了。她把刚颁布的《婚姻条例》读了几遍，并给姐妹们宣讲《婚姻条例》的好处，编了首歌谣唱道：

靠着大树好遮阴，

靠着红军好成亲。

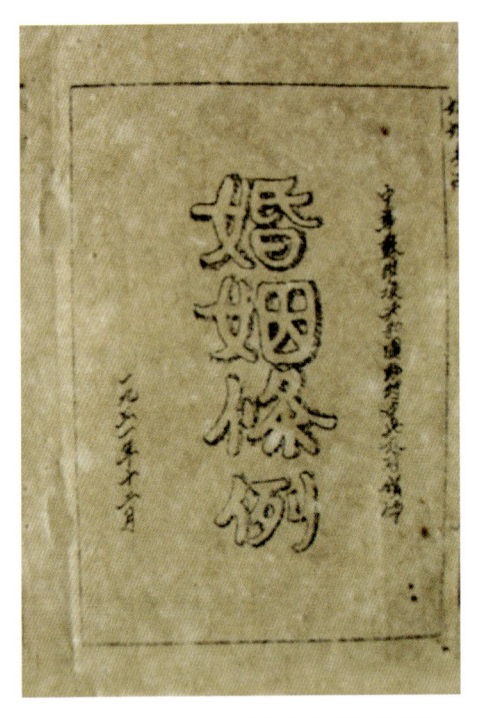

1931年12月,中华苏维埃共和国临时中央政府颁布的《婚姻条例》

自己恋爱两相好,不要嫁妆和礼金。

她唱这首歌的时候,内心是酸楚的。她想起自己两岁开始做童养媳,挨打受骂是家常便饭,她的童年没有快乐,没有欢笑,留下的只有痛苦。她和"丈夫"根本谈不上什么感情。现在,婆婆看她天天在外工作,怕她被外人"勾引",就多次到县苏维埃政府找她,让她回家和她儿子结婚过日子。钟玉兰死活不同意,婆家纠集了亲属到县苏维埃政府"讨说法",闹得不可开交。

钟玉兰找到县裁判部,向裁判部部长诉说了自己的身世和遭遇。裁判部部长问她:"你与丈夫有没有感情?"钟玉兰回答:"没有。"钟玉兰一纸诉状交到县裁判部,提出诉讼请求:1. 解除与婆家的童养媳关系;2. 解除与"丈夫"的夫妻关系。县裁判部工作人员经过了解、走访,最后支持具状人的诉讼请求。钟玉兰看到判决结果后,全身感到一阵轻松。她以饱满的革命热情投入到苏维埃工作之中。

红都小课堂

中央司法人民委员部

1931年11月7日"一苏大会"召开，会上通过了《中华苏维埃共和国宪法大纲》等法令。宪法大纲为制定一切法律、法规提供了依据。

11月27日，中央司法人民委员部（简称"中央司法部"）成立，任命张国焘为部长。因张国焘还在上海，中央执行委员会任命梁柏台为司法委员会委员，主持中央司法部工作。梁柏台结合苏区实际，完善了内部机构，设置了民事处、刑事处、劳动感化处、劳动感化院、总务处等。他主持起草并颁布了《中华苏维埃共和国惩治反革命条例》《中华苏维埃共和国刑法》等法律、法规。为了使各类案件得到公正审理和对犯罪准确量刑，省、县、区苏维埃政府成立了临时司法机关——裁判部，颁发了《裁判部暂行组织及裁判条例》。梁柏台听说许多执法人员搞刑讯逼供，非常气愤。于是，他起草并经中央执行委员会批准通过了《处理反革命案件和建立司法机关的暂行程序》，严厉制止刑讯逼供。苏维埃法制工作的完善，对巩固苏维埃政权起到重要作用。

"二苏大会"上，梁柏台被选为中央司法部部长。

不久，钟玉兰升任县扩红宣传队队长，与一男青年自由恋爱，并且定下了亲事。在结婚当天，简单的婚礼过后，贺客用掌声要求新娘来一段苏区妇女翻身的新歌：

灯里无油火不光，

塘里无水鱼难养。

若然没有苏维埃，

我俩哪能配成双……

他们结婚的第三天，钟玉兰亲自送丈夫参加红军，一直送到大道边。

建设真正的廉洁政府
苏维埃严惩贪污浪费

控告箱

在中央苏区,一些主要机关和单位门口、街道路口都设置了一种木箱,它是中央工农检察部各级控告局为收集群众意见而设置的控告箱。控告箱箱顶开了一条窄缝,可锁;箱子正面上书"控告箱"三个大字,下落某某控告局制;箱盖上书"各位工农群众,凡是一切什么事情都可以来这里控告"。

为了严格惩治贪污及浪费行为,特规定惩罚办法如下:

(一)凡苏维埃机关、国营企业及公共团体的工作人员利用自己地位贪没公款以图私利者,依下列各项办理之:

(甲)贪污公款在五百元以上者,处以死刑。

(乙)贪污公款在三百元以上五百元以下者,处以二年以上五年以下的监禁。

(丙)贪污公款在一百元以上三百元以下者,处以半年以上二年以下的监禁。

（丁）贪污公款在一百元以下者，处以半年以下的强迫劳动。

（二）凡犯第一条各项之一者，除第一条各项规定的处罚外，得没收其本人家产之全部或一部，并追回其贪没之公款。

（三）凡挪用公款为私人营利者以贪污论罪，照第一第二两条处治之。

（四）苏维埃机关、国营企业及公共团体的工作人员，因玩忽职务而浪费公款，致使国家受到损失者，依其浪费程度处以警告、撤销职务以至一个月以上三年以下的监禁。

这是1933年12月15日，中央执行委员会下达的关于惩治贪污浪费行为的第26号训令，在中华苏维埃共和国内施行。训令发出不到5天，中央工农检察部控告局就收到一封匿名举报信，按规定匿名信不予受理，但工作人员谢天生看后，觉得举报内容详细，事项清楚，且被举报人贪污千元以上，一定是知情者举报的。谢天生不敢大意，直接将举报信放到代部长高自立的案头。

高自立代理部长不到一个月，看到案头上的这份举报信，他立即找来谢天生和其他检察员，对举报内容进行了分析。

举报对象是瑞金县苏维埃政府财政部会计科科长唐仁达，举报信称唐仁达于1931年春担任会计科科长以来，利用职务之便，侵吞各军政机关交公的余款、群众退回公谷票款、打地主豪绅的

兴国县高兴区苏维埃政府工农检察部设置的控告箱

罚没款、变卖公共物件款等共计34项，折合大洋2000多块。

案情触目惊心，贪污数额巨大，高自立立即决定立案侦查，并报人民委员会。高自立、谢天生和另外一名检察员组成调查小组，高自立亲自带队，来到瑞金县苏维埃政府，找到主席杨世珠，向他通报了举报内容。杨世珠听后，惊呆了，赶紧表态："我们县政府一定全力配合，把这个案子查个清楚。"

高自立很快就把举报者找到了，他是财政部的出纳员，各地交来的款项有多少，最终上缴国库的有多少，他都一清二楚。这位出纳员非常正直，不贪不占，也看不惯"一朝权在手，且把令来行"的贪官。待看到中央执行委员会的训令后，他就慎重地写了一封举报信，因他吃不准临时中央政府是真的反腐还是做个样子，故未敢署上真名，只署上"知情者"三个字。

高自立对这位出纳员表示感谢，并承诺不泄露他的名字。高自立调来突击队员，把唐仁达监控起来，然后组织人员封存县苏维埃政府财政部的会计账本，进行审核。经过数天的审核，发现唐仁达共贪污公款2031块大洋。高自立找来杨世珠和县苏维埃政府财政部部长蓝文勋等人，分别进行讯问。案情大白后，中央工农检察部报告人民委员会，对相关人员进行了严肃处理：会计科科长唐仁达被临时中央政府最高法庭处以死刑，立即执行；县财政部部长蓝文勋被撤职查办；县苏维埃政府主席杨世珠受到警告处分。

中央工农检察部依据控告信查处了不少贪污浪费案件。如中央政府印刷厂、中央造币厂、中革军委印刷厂等贪污案件就是通过控告信检举出来的。中央工农检察部对控告信认真对待，但对不实的控告也会一查到底，还被举报人一个清白。

一天，中央工农检察员赖荣光从红军大学的控告箱里收到一封匿名信，控告中央办公厅采购员有贪污行为。收到举报信后，赖荣光来到中共中央办公厅，经过调查了解，发现被控告的采购员并无贪污行为，只是嘴巴馋一点，有时在伙房多吃一点好菜。炊事员批评过他，采购员本人也检讨过。赖荣光调查了解这些情况后并没有就此罢休，而是继续深入调查，了解采购员被诬告的原因。原来写匿名信的人与采购员吵过架，他看采购员平时多吃好菜，就认为采购员有贪污行为，于是写了控告信。弄清事情的来龙去脉后，赖荣光本着对同志负责的态度，找到写匿名信的人，

沙洲坝中华苏维埃共和国中央工农检察人民委员部旧址

教育他不能无根据地随意诬告人，这位同志承认了错误，并主动与采购员谈心，双方都承认了过错。

中央工农检察部如一把利剑，在它的监督之下，苏维埃政府成为真正的廉洁政府。

红都小课堂

中央工农检察人民委员部

在"一苏大会"上成立的中央工农检察人民委员部（简称"中央工农检察部"），其职责是监督苏维埃政府法令、指示的执行，检举企业中贪污腐化、消极怠工、压制强迫现象，受理人民群众反映的各级政府违反选民群众公意、违反苏维埃法令的行为。中央工农检察部下设控告局和突击队。

控告局：接受工农群众到苏维埃机关或国家经济机关的控告和调查控告的事实。突击队：在中央工农检察部指导之下，监督政权的一种尝试。凡有选举权的人都可以加入突击队，可以公开突击检察某苏维埃机关或国家企业和合作社，以揭露该机关或企业的贪污浪费及一切官僚腐化的现象。

中央工农检察部对贪污腐败案件的坚决查处，特别是对胜利县临时县委书记钟圣谅、县苏维埃政府主席钟铁青，"六大建筑"工程管理所主任左祥云，瑞金县苏维埃政府财政部会计科科长唐仁达，于都县苏维埃政府主席、第二届中央执行委员会委员熊仙璧和于都县军事部部长刘仕祥等重大案件的查处，处决了9个贪污腐败分子，轰动了整个苏区，大快人心，既充分显示了党和苏维埃政府反腐肃贪的决心，也极大地震慑了那些试图以身试法者。

东华山上显身手
活捉敌特"三人组"

东华山古庙的特殊香客

在瑞金城郊有一座东华山,东华山不高,远看像一只俯卧的雄狮。山上没有高大乔木,只有零星的松木和灌木丛。山上有一座不知建于何时的古庙。古庙不大,但古朴典雅。1932年1月下旬,一位特殊的香客来到了这座古庙。

1932年1月下旬,毛泽东到瑞金城郊的东华山古庙休养。这一消息被潜伏在瑞金的敌特"三人组"获知。

国家政治保卫局局长邓发派出大量侦察员寻找国民党敌特"三人组"的踪迹,得知"三人组"由黄兴明、李后连、曾小连组成,二男一女。为保证安全,邓发提出增派一个警卫连到庙里,但被毛泽东婉言谢绝。邓发没有办法,只好在毛泽东上山之前派出了两名精明的保卫战士先到古庙潜伏下来,经与住持商量,这两名战士化装成带发修行的僧人,当毛泽东与警卫员小吴到达古庙时,

叶坪中华苏维埃共和国国家政治保卫局（含少共苏区中央局）旧址

这两名年轻的"僧人"已把古庙打扫得干干净净。

早在年前，庙里住持就定好今春新升座菩萨"开光"的日子。原来庙里僧人到处化缘，请人做了一尊两米多高的罗汉菩萨，定下黄道吉日"开光"，附近的善男信女都得知了这一消息，预计当天会有数百人参加"开光"仪式。警卫员小吴急了，如果敌特"三人组"装扮成善男信女混进庙里怎么办？他找到住持协商取消"开光"仪式。住持不同意，说不能违背佛家意愿。小吴见劝阻不了住持，又去劝毛泽东下山。可毛泽东听说庙里为新升座菩萨"开光"，倒来了兴致，非要参加"开光"仪式不可。

敌特"三人组"也得知了古庙为新升座菩萨"开光"的消息。他们马上做好了上山的准备，配备好了枪支炸药，计划混在朝拜者中上山，趁着庙里人多点鞭炮之际，把大雄宝殿炸毁，趁乱刺杀毛泽东。

毛泽东不肯下山，小吴只好让提前潜伏在庙里的一名保卫战士下山回到国家政治保卫局向局长邓发作了汇报。邓发立即召集侦察科科长钱壮飞等十几名保卫战士开会，让大家在新升座菩萨"开光"前扮成香客，前往古庙，全力保卫毛泽东的安全。

转眼"开光"日已到，敌特"三人组"组长黄兴明分配了任务：他和李后连装扮成香客，带上敬神的香烛，藏好一大包炸药，半夜十二点前潜入庙中；曾小连乘着人多混进庙中，把炸药包放在神台底下，随时准备引爆炸药。

与此同时，钱壮飞带领的十几名保卫战士也抵达庙里，并悄无声息地安排到各个点，有几名保卫战士与警卫员小吴接上了头，游走在毛泽东周围。古庙的大雄宝殿因"开光"仪式变得漂亮辉煌得多了，到处插满彩色幡旗，在风中猎猎作响。毛泽东成为众多香客中的嘉宾，是住持的上客。钱壮飞对保卫战士进行了严格分工，要求既要保护好毛泽东的安全，又不能惊动真正的香客。十几名保卫战士目光炯炯，突然，一名保卫战士发现一名男香客盯着毛泽东看，神色极不正常。他向另一名战友做了个手势，两人从两边向这个男香客靠近。一名战士机警地用枪顶住了男香客的腰部，另一名战士快速地卸了他的枪，这时又过来两名战友，四人配合默契，不声不响地把他"请"出了大雄宝殿。

被捉的正是敌特"三人组"组长黄兴明。在一间厢房里，黄兴明很快招供了。经他的指点，几名战士把欲挤到神台前对毛泽东下手的李后连按倒在地，迅速挟持到殿外。女特务曾小连预感到不好，欲钻进神台桌下，启动炸药，被一名大个子的战士压在桌下，并封住她的嘴巴，拖出殿外。敌特"三人组"全部被活捉，不费一枪一弹。当保卫战士们押着敌特"三人组"下山时，庙里顿时响起"开光"的礼炮声，似乎在欢送保卫战士们。

红都小课堂

国家政治保卫局

中华苏维埃共和国国家政治保卫局的前身是1931年6月在中央苏区成立的中共苏区中央局政治保卫处，由中共苏区中央局常委、宣传部部长王稼祥兼任处长。同年9月，邓发任中共苏区中央局委员、政治保卫处处长。同年11月，中华苏维埃共和国临时中央政府成立，政治保卫处改称中华苏维埃共和国国家政治保卫局，邓发任局长。国家政治保卫局是全国苏维埃政府肃反保卫工作的最高领导机关，主要职能是侦查、镇压政治上和经济上的反革命活动。

1932年11月27日，中央执行委员会颁发了《中华苏维埃共和国国家政治保卫局组织纲要》，确定上下各级政治保卫机关实行垂直领导，地方政府无权改变政治保卫局的决定命令。1934年10月，国家政治保卫局随中央红军长征，国家政治保卫局保卫大队肩负起保卫中央党政领导们的任务。在漫漫征途中，他们克服重重困难，保卫中央领导安全抵达陕北苏区，出色地完成了任务。

第三部分

红色基因代代传

——大力弘扬苏区精神

苏区精神，就是党在领导创建、发展和保卫苏维埃政权的实践中培育形成的伟大革命精神，是广大苏区干部、红军指战员和人民群众进行革命斗争的强大精神力量，是全国各苏区干部群众用鲜血和生命铸就的革命精神。2011年，习近平同志在纪念中央革命根据地创建暨中华苏维埃共和国成立80周年座谈会上的重要讲话中，用28个字精辟概括了苏区精神——坚定信念、求真务实、一心为民、清正廉洁、艰苦奋斗、争创一流、无私奉献，高度评价了苏区精神的重要地位和时代价值。他指出："这一精神既蕴含了中国共产党人革命精神的共性，又显示了苏区时期的特色和个性，是中国共产党人政治本色和精神特质的集中体现，是中华民族精神新的升华，也是我们今天正在建设的社会主义核心价值体系的重要来源。"

坚定信念

江善忠纵身跳崖

永远跟党走

> 在兴国县烈士陵园的第三展厅里,有一座江善忠烈士英勇跳崖的雕塑:一座竹笋般峭拔的石峰下,一些端着长枪的国民党士兵畏畏缩缩地往上爬,江善忠挺立在峰顶,双手高举着一块石头往下砸……雕塑下刻着烈士的誓词:"死到阴间不反水,保护共产党万万年!"

江善忠,江西省兴国县长冈人,1913年生,1928年参加革命,1929年加入中国共产党,苏区时期任江西省苏维埃政府裁判部部长。当时的裁判部部长相当于集现今公安局局长、检察院检察长、法院院长职务于一身,对外镇压敌人和反革命分子,对内肃清叛徒和内奸,责任重大。江善忠对党忠诚,立场坚定,除恶奸从不留情,敌特分子和叛徒内奸听到他的名字个个胆战心惊。

1934年10月,中央红军开始长征,离开了中央苏区,但江西游击队仍在兴国县一带活动。一天，游击区军政委员会主席曾山将安置一批伤员的任务交给江善忠，并让他就地坚持游击斗争。接到任务后，江善忠秘密潜回家乡，组织了一支十几人的游击队，在一个深夜将20多名伤员转移安置在石门寨冰心洞。这期间，江善忠和队员就住在山下的岩洞里，不时乔装进城为伤员购药和向当地群众采购粮食，以确保所有队员和伤员的物资供给。

江善忠烈士像

寒冬腊月，突然有一天，地下交通员急急来报，说因叛徒出卖，敌人已得知石门寨藏有红军伤员，大批人马正往这里赶来。说话间，村口已响起了枪声，放哨的游击队员已与敌人交上火。情况万分紧急！此时江善忠有两条路可以选择：向右进山与伤员会合，再向深山转移，可是胜算几乎为零；向左把敌人引开，为伤员转移赢得时间。江善忠非常清楚，左边的路通往棒槌峰，那是一条绝路，三面都是悬崖峭壁，但他没有犹豫，他让交通员迅速上山通知伤员转移，自己把敌人引向棒槌峰。

此时，只见一群国民党兵在一个叛徒引导下，直奔棒槌峰，叛徒被推在队伍前头，他惊慌失措地喊叫："江……江部长下来投……投降国军……"

砰！叛徒话音未落，只听一声枪响，接着是咕咚一声，叛徒一头栽倒在崎岖的山道上，像死狗一样不动了。他身后的国民党兵哗地四散躲避，砰！砰！两声枪响，两个躲闪不及的国民党兵也栽倒在山道上。

江善忠的子弹不多，子弹打光后，他迅速地攀上峰顶，奋力地用石头往下砸，敌军官发现江善忠从隐身的石头后面闪出来，得意地叫嚷："他没有子弹了，冲上去，抓住活的重重有赏！"

敌人小心翼翼地爬上棒槌峰，喊话要他投降，还许以高官厚禄，江善忠大声怒斥："想要我出卖共产党，休想！"只见他从容地从崖前站起来，脱下身上的灰布褂子，咬破手指在上面写着……然后他缓缓地走到悬崖前，轻蔑地扫了一眼围上来的敌人，说："共产党是杀不尽的，胜利属于共产党！"便纵身跳下悬崖……

敌人面面相觑。他们走上前来，围着地上的灰布褂子，只见上面写着两行字：死到阴间不反水，保护共产党万万年！

红都小歌谣

死为人民心也甘

骑虎不怕虎上山，
骑龙不怕龙下滩，
决心革命不怕死，
死为人民心也甘。

求真务实

毛泽东身处逆境志弥坚

脚踏实地干革命

求真务实,坚持主观与客观的统一,正确把握客观规律,真抓实干,务求实效,是我们党思想路线的核心内容、优良传统和共产党员必备的政治品格,是党的各项事业不断取得新胜利的根本保证,也是苏区精神的精髓。

1931年8月30日,远在上海的中共中央给身在中央苏区并担任苏区中央局代理书记的毛泽东写了一封长信,信中对毛泽东领导的苏区中央局的工作极不满意。11月1日,苏区党代表大会在瑞金叶坪谢氏宗祠召开,会议的宗旨是总结前一阶段苏区中央局党的工作,提出今后的工作目标。可谁知,参会的中央代表借题发挥,以不切实际的言论对苏区中央局的工作无端指责,毛泽东受到不公正、不点名的批评。一时之间,会场笼罩着一股火药味,多数参会人员都把目光投向了受委屈的毛泽东。但让大家意想不到的是，毛泽东冷静地对待近乎诽谤性的攻击，他顶住压力，排除干扰，完成大会全部议程。紧接着他专心致志、夜以继日地着手"一苏大会"的准备工作，并于11月7日如期隆重举行中华苏维埃第一次全国代表大会，向全世界庄严宣告：中华苏维埃共和国成立了。

毛泽东求真务实，致力于新生的中华苏维埃共和国执政初期的探索实践，但没想到，针对毛泽东的排挤一波未平，一波又起。在1932年10月召开的宁都会议上，毛泽东被正式免除了红一方面军总政委的职务，失去了对自己亲手创建的这支队伍的直接领导权。这可以说是对他个人的沉重打击，毛泽东病了，但住进福建长汀福音医院的毛泽东，仍以一个无产阶级革命者少有的顽强毅力，深入长汀城的街道、商会、合作社、工厂、机关进行调查研究，对一些苏区的工作更是记挂在心，悉心指导。

1933年初春，又是一个严寒的季节。由于叛徒告密，中共临时中央政治局不得不远离大都市，由上海迁至瑞金。以博古为首的临时中央错误地贯彻执行王明"左"倾教条主义的方针，反对和压制毛泽东的正确主张，立即在中央苏区开展了反对所谓"罗明路线"的斗争，对一大批坚持毛泽东正确主张、抵制王明"左"倾教条主义的干部进行了残酷斗争和无情打击，给中央苏区各方面的发展和建设造成了严重的影响和损失。

被排斥在中央苏区党组织和红军领导之外的毛泽东，并没有气馁、懈怠，反而以一个党员的责任心，全身心地投入到领导中央苏区的经济、文化和政权建设中。1933年8月,这是一个欣欣向荣、热火朝天的季节,在叶坪临时中央政府大礼堂,来自中央苏区南部17县的苏维埃副主席齐聚一堂,参加毛泽东主持召开的南部经济建设大会,听取了毛泽东所作的《粉碎五次"围剿"与苏维埃经济建设任务》的报告,着手谋划根据地经济建设的一系列方针、政策。正是由于毛泽东采取的各种措施有力地推进了中央苏区的经济、文化、教育等各项事业的蓬勃发展,从而有力地支援了战争,改善了苏区群众的生活。

红都小歌谣

纪念列宁歌

纪念列宁伟大革命的导师,
继续列宁的革命精神,
学习列宁主义,应用到实际,
为列宁主义而奋斗。
列宁主义,世界革命的武器,
高举列宁主义大红旗,
推翻帝国主义的统治,
完成革命。

一心为民
毛主席带领群众挖红井

《红井水》歌词

红井水，甜又清，手捧清泉想亲人。
喝上一口红井水，一股暖流涌上心。
毛主席当年在瑞金，亲手为咱挖红井。
泉水清又清，领袖爱人民。泉水甜又甜，人民得救星。
喝口红井水，革命方向明。喝口红井水，斗志更坚定。
哎——红井甘露育万代，代代永做革命人。
红井水，甜又清，千年万代流不尽。
吃水不忘挖井人，时刻想念毛主席。

中央苏区时期，有一个叫沙洲坝的地方，十分干旱，当地有首民谣："沙洲坝，沙洲坝，三天不下雨，地上就开岔，有女莫嫁沙洲坝。"它道出了沙洲坝的干旱与贫瘠。1933年4月，毛泽东随临时中央政府机关由叶坪迁到城西郊的沙洲坝。入住后，毛泽东踱步来到村里，发现当地村民都挑池塘里的脏水饮用，严重

红井

影响村民的身体健康，于是就寻思着解决群众吃水难的问题。毛泽东带着警卫员经过实地勘察，在村民的帮助下，用劈开的毛竹把北面山脚下的泉水引进村子，做成"水渠"，暂时解决了村民的吃水问题，但仍然无法长期稳定供水。

为彻底解决村民饮水问题，毛泽东找来了村里几位老人，提议在村里打一口井。几位老人听后极力反对："主席，沙洲坝是旱龙，可打不得井哩！打了井，就断了我们的龙脉，龙王会怪罪的。"毛泽东耐心说服，给他们讲道理，终于使村民接受了打井的观点，随后召开群众大会，决定在村口水塘边打井。

打井当天，人们从四面八方过来看这件稀罕事。毛泽东亲自带领几个红军战士破土动工。在他们的影响下，许多村民也纷纷加入进来。你挖井，他挑土，群策群力，不到一天的工夫就把井挖好了。

汩汩的泉水涌了出来。毛泽东考虑到水有土腥味，就找来木炭和沙石，他亲自到 5 米深的井底，在底层铺上一层厚厚的木炭，木炭上再铺沙石，这样连铺三层，又在直径 1.2 米的水井四周用鹅卵石砌好了井沿。群众用吊桶一桶桶地往上提井水。清澈甘洌的井水一喝下肚，透心地甜，村民们欢呼雀跃，感谢毛主席和红军。

红军长征后，国民党反动派多次派人来填埋这口井，以断绝人民群众对红军的想念。但当地群众却展开针锋相对的斗争，敌人白天填井，群众夜晚把井挖开，反复几次，沙洲坝人民终于保住了这口井。

中华人民共和国成立后，当地群众将这口井取名为"红井"，并在井边立了一块木牌，上面写着"吃水不忘挖井人　时刻想念毛主席"。后来木牌改为石碑。1961 年 3 月，红井被国务院列为"全国重点文物保护单位"，成为全国重点红色教育景点之一。

红都小课堂

军民鱼水情意深

苏区时期是党的群众路线孕育形成的重要时期，是党群、干群关系最好的时期之一。中国共产党和苏维埃政府秉持一心为民的宗旨，一切为了群众，为了群众的一切，深入开展土地革命，大力发展政治、经济、文化等各项事业，关心群众生活，注意工作方法，真心实意为群众谋利益，切实解决群众吃水难、行动难、看病难、识字难等实际困难，受到苏区广大人民群众的真心拥戴，形成鱼水情深的军民关系，最大限度地维护了工农群众的切实利益，筑起坚不可摧的"真正的铜墙铁壁"。

清正廉洁

张闻天拒吃合作社客饭

苏区干部好作风,自带干粮去办公

"苏区干部好作风,自带干粮去办公。日着草鞋干革命,夜走山路访贫农。"这首流传在赣南、闽西的山歌,是当年中央苏区广大干部清正廉洁、节约奉公、执政为民的真实写照。

1934年5月,正是青黄不接之时,第五次反"围剿"已打了8个月,国民党反动派的铁壁合围和经济封锁,使苏区各种战争物资、生活和医药物资极为匮乏。

为支援红军前线作战,中央政府先后发动了全面的节省运动,中央机关的全体干部纷纷响应,每天节约二两米、每餐省下一把菜成为每个人的自觉行动。干部与干部之间还展开了节约竞赛,干部下乡均自带干粮。

人民委员会主席张闻天率先垂范,经常带着干粮下基层检查工作。一天,张闻天同中央消费合作社的徐常山从沙洲坝出发,

张闻天穿过的棉衣

翻过几座小山岗,走过长长的泥泞土路,来到5公里外的县城,先后检查了县供销社几个物资采购站的情况,最后在一处食盐采购站检查时,已经过了晌午。陪同检查的县总社主任周宗源赶忙叫炊事员准备招待的客饭。但开饭时,周宗源左寻右找都不见张闻天主席的影子,最后在厨房后面的小土坡上找到了他们。

张闻天和徐常山正在吃自己带的冷番薯。周宗源不安地说:"张主席,这怎么行呢?我们县总社再穷,一顿家常便饭还供得起。你们辛苦下到基层,连便饭都不吃,我们十分过意不去。"周宗源执意要请张闻天吃饭。

张闻天站起来耐心地告诫周宗源:"老周,一餐饭重要还是我们苏维埃的纪律重要?红军将士前方流血流汗,物资又这样紧张,国民党封锁得这样严密,我们可不能丢了原则。眼下红军将士正饿着肚子打仗,后方的机关

张闻天使用过的马灯

第三部分　红色基因代代传　　**095**

工作人员应当千方百计节省每一个铜板、每一粒米饭，支援前线。中央提出自带干粮的号召，我们当干部的应当带头呀！"一席话，说得周宗源半晌无语，他只好说："张主席，那我去把番薯帮你们热一下。"

张闻天笑着同意了。几个番薯的午餐见证了共产党人清正廉洁的风骨。

红都小课堂

做清正廉洁的"干净人"

清正廉洁是中国共产党人崇高理想和优良作风的升华。土地革命战争时期，中央苏区为了加强廉政建设，苏维埃中央政府实行民主政治，组织民主监督，开展反腐倡廉，主张厉行节约，从严惩治贪污浪费。

艰苦奋斗

危房下的硝盐

每人节约一铜钱

每人节约一铜钱，都助红军万万千。
巩固发展根据地，工农力量大如天。

在乡村破旧的土坯房中，总能看见一些白乎乎、毛茸茸的东西，这就是硝盐。苏区时期，这是金子也换不来的宝贝。

1933年春的一天，周恩来和警卫员小刘骑着马，准备去红军大学上课，一路上，周恩来脸色灰白，小刘忍不住问："周副主席，您怎么了？"

"哦，没事。"周恩来回过神来说，"我们很多战士在战场上都没有牺牲，却是死在缺盐的困境中，形势很严峻啊——"正说着，周恩来一阵头晕目眩，摔倒在地。

"周副主席！周副主席！"警卫员吓傻了，慌忙将周恩来扶起，好一阵工夫，周恩来才醒过来。满头大汗的小刘舒了口气：

周恩来在瑞金

"周副主席,您怎么了?有没有摔伤?"

周恩来脸色苍白,但他宽慰地笑了笑:"没事儿,老毛病了。现在几点?该是上课时间了吧!"

"七点……我们……我们不去学校了,我送您去医院!"

"不行,按计划——去上课!"周恩来挣扎着站起来,坚定地说。

小刘知道周恩来是由于体内长期缺盐,加上工作繁重,身体虚弱晕倒的。这个消息传开后,大家十分担心周恩来的身体。住在隔壁的张大娘更是疼在心里,她坐不住了,她要为周恩来寻找硝盐,补充盐分。

连续四天,张大娘都没有发现硝盐,第五天中午,天气异常炎热,张大娘发现前面有座破房子,就急匆匆地走了进去,找啊找,竟在一个角落里发现一片白乎乎的硝盐。张大娘喜出望外,赶紧用衣服轻轻地扫聚起来。由于太兴奋,张大娘竟忘了这是一座危房!当张大娘不小心碰到墙体

周恩来在瑞金使用过的藤椅

时，墙瞬间塌了下来，张大娘顿时昏了过去……

附近的村民听到响声后赶来，赶紧把她从土堆中扒了出来，张大娘昏迷着，手却紧紧抓着衣服，嘴里重复着："盐……盐……"

这件事传到周恩来的耳里，他赶紧放下手中的工作，匆匆来到卫生所。张大娘还在昏迷中，周恩来不顾警卫员的劝告，硬是守了她整整一个通宵，直到第二天凌晨张大娘醒来。当她一眼看到周恩来时，声音微弱地说："周副主席，我寻的硝盐……"周恩来双眼湿润了，他紧紧地握住张大娘长满老茧的手，哽咽道："大娘……恩来受不起……您要养好身子呀……"

出了卫生所，周恩来吩咐医生一定要把张大娘治好，并让小刘通知有关部门把张大娘发现的盐分给大家，同时告诉群众，凡事一定要注意安全，不能再到危险的地方找硝盐了。

红都小课堂

艰苦奋斗创伟业

艰苦奋斗是我们党的优良传统，是苏区精神的核心要义，也是苏区干部好作风的集中体现。苏区时期，由于敌人残酷的军事"围剿"和严密的经济封锁，军民生活极其艰苦。苏区军民在党和苏维埃政府的领导下，众志成城，同舟共济，开展节约运动；因陋就简，发展各项事业；打破封锁，开展对外贸易，保障了最基本的军需民用。"有盐同咸，无盐同淡"，干部带头，敢于吃苦、甘于吃苦，开创了苏区新天地。

争创一流
才溪妇女模范集体

"才溪女"

才溪,是当年闽西的第一模范区,中央苏区的一面光辉旗帜。才溪妇女,更是扩红支前的典范。

"才溪女",这是一个光荣的名字,这是一个英雄的群体。她们虽然"英雄谱里没有名字,光荣榜上没有照片",却以自己柔弱的双肩挑起革命重担,把自己的亲人、幸福乃至生命全部奉献给了中国人民的革命事业。

1929年,才溪暴动成功,给深受"政权、族权、神权、夫权"四权压迫的才溪妇女松了绑,宣告了才溪妇女的解放,使才溪妇女得到新生。她们英勇冲出牢笼,义无反顾地投身到革命战争的滚滚洪流中。

她们是扩红运动的宣传员。她们成立了"山歌扩红队",唱起《送郎当红军》《六劝郎君去出征》等歌谣,她们的歌声成为

雕塑：《送郎当红军》

最受群众欢迎和最富战斗力的宣传工具，才溪出现了"百母送子上前线""千女送郎当红军"的动人场面。同时，姐妹们还纷纷把丈夫送去当红军，如才溪乡妇女代表、草鞋组组长王秋莲亲自为丈夫报名参军，但因为3岁的儿子患天花病死了，丈夫犹豫不决，想生个儿子后再上前线。王秋莲耐心地劝说丈夫，唱山歌劝他："红旗插出日日新，我夫出去莫挂心。一心一意为革命，冇（无）子过世也甘心。"

丈夫听了王秋莲的山歌后，觉得自己原本是一个贫苦农民，无田无地，红军来了以后，分了田地，有了吃穿，并结婚有了自己的小家。现在，只有当红军，英勇杀敌，才能守住天下贫苦百姓的美好生活，于是，他听从了王秋莲的劝说，高高兴兴地投入到红军队伍中。

通贤乡共青团员、少先队大队长王聪秀也是一个不甘落后的人，在红军扩红运动中她主动替丈夫黄永荣报名参军。但丈夫想不通，不想去部队，并趁王聪秀不在家时，悄悄搬到邻乡一个岩洞里躲藏起来。这可急坏了王聪秀，她四处打听丈夫的下落，得知丈夫的藏身地点后，当晚，王聪秀来到岩洞里，耐心地同丈夫长谈，她一一列举：红军没来时，黄永荣还是个长工，红军来了，帮助当地建立了苏维埃政府，分了田，贫苦农民有了自己的土地。随后，苏维埃政府颁布了《婚姻法》，实行自由恋爱，像王聪秀和黄永荣这样贫苦的人才结合在一起，过上幸福生活。如果不是共产党、红军，说不定他们还在替人做牛做马。一席话，把黄永荣说得心服口服，他愉快地上了前线。才溪乡许多青壮年男子，都是在才溪妇女的鼓动和支持下离开家乡上前线的。

她们是经济建设的主力军。在三千男儿奔赴前线后，才溪妇女勇敢地承担起了苏维埃政府的各项工作，成为发展生产和经济建设的主要力量。她们组织耕田队，破除"妇女犁田雷会打，妇女插秧秧不长"的封建迷信思想，卷起裤管，犁田、插秧、收割等一切体力活，全都由妇女们承担下来。毛泽东在《才溪乡调查》一文中指出："耕种主要依靠于女子。上才溪今年女子能用牛的约三百人，能莳田的六十多人。暴动前这三百人中，只有十分之一即约三十个人能用牛……才溪乡在青年壮年男子成群地出去当

红都小课堂

争创一流谱新篇

苏区时期，革命斗争极其激烈，生活条件极其艰苦，但是党和苏维埃政府及广大苏区军民，不畏艰难，拼搏奋进，开拓创新，以争创一流的精神投身到红色中华的伟大实践中，创造了苏区"第一等工作"，涌现了"模范兴国""模范瑞金"等一批先进模范，完成了执政兴国的伟大预演，创造了中共党史、中国革命史上的奇迹。新时代，要全面建成小康社会，实现中华民族伟大复兴的中国梦，就要大力弘扬争创一流的苏区精神，调动社会各种积极因素，激发干部群众创新、创业热情，开拓进取，奋勇争先，创造新时代的"第一等工作"，不断开创中国特色社会主义事业新局面。

红军、做工作之后,生产超过了暴动前百分之十。荒田开尽……没有一片可耕的土地没有种植,群众生活有很大的改良。"

才溪妇女是客家妇女中的优秀代表。她们勤劳勇敢,任劳任怨,巾帼不让须眉。她们既是贤妻良母,还是勇敢的战士。她们拥军优属,当家管家,无所不能,是闻名中央苏区的"妇女模范集体"。

无私奉献

苏区群众大力支前

军队打胜仗，人民是靠山

"最后一碗米，送去做军粮；最后一尺布，送去做军装；最后一件老棉袄，盖在担架上；最后一个亲骨肉，送去上战场。"这首战争年代广为传唱的民谣唱出了人民对子弟兵的深厚感情，唱出了人民对中国共产党领导下的革命军队的无限信任。

1933年2月，第四次反"围剿"的硝烟弥漫在南国大地。为粉碎国民党这次的军事"围剿"，保卫和巩固苏维埃政权，中共中央发出"创造一百万铁的红军"的号令，临时中央政府决定以"红五月为扩大红军的冲锋月"。瑞金县委从赤卫军、模范营、模范赤少队等地方武装中精选4500人组成瑞金模范师开赴前线。

瑞金沙洲坝下肖区的杨荣显老人有八个儿子，在第五次反"围剿"期间，八兄弟响应扩红号召，一齐报名参加了红军。在激烈

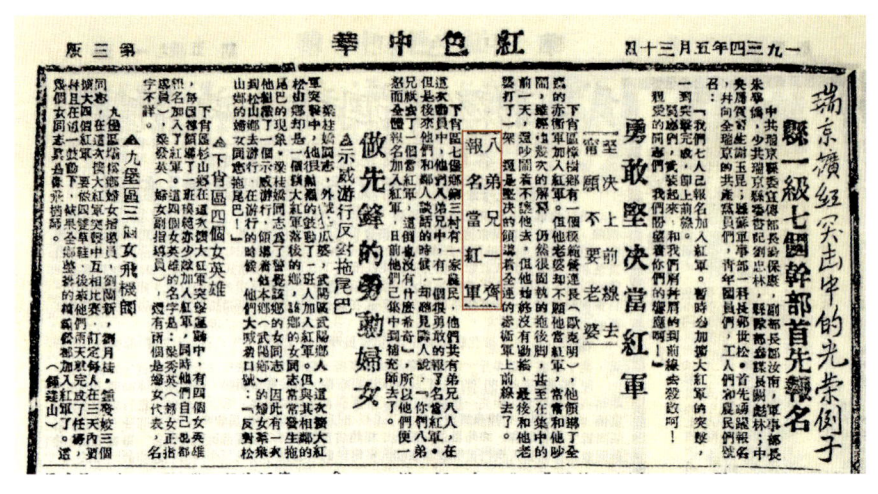

八兄弟一齐报名当红军

的战场上,老大、老二、老三、老四、老五、老六先后牺牲。中央军委领导听说此事后,指示一定要找到杨家的老七、老八,把哥俩送回杨荣显老人身边。几经周折,老七、老八找到了。知道了家中的事,哥俩说:"等打完这一仗再回去。"可就是这一仗,兄弟俩再也没能回家。"八子参军"的故事在苏区广为流传,它是苏区人民踊跃参军、支援革命的一个缩影。

土地革命时期,赣南总人口约 240 万人,其中青壮年人口约 50 万人,先后参加红军的青壮年达 33 万余人,支前部队 60 余万人。

战争打的是物资消耗战。

1933 年 12 月,寒冬时节,昔日战火不断的中央苏区迎来少有的平静。23 日这天,一张《红色中华》报在全苏区传开了,中央政府新一轮认购战争公债和经济建设公债运动在全区如火如荼地展开。

　　瑞金消费合作社、苦力工会、药业工会和革命互济会等群众团体纷纷拉出横幅，购买公债，6个多月筹集24.702万块银元。第二年的六七月间又在全县筹集1.99万块银元，上缴中央政府。

　　人是铁，饭是钢。随着革命根据地的扩大，红军队伍一天天地壮大，粮食补给每月都在发生。仅1933年3月，瑞金就送给中央红军稻谷2.76万担，红军长征前的一次筹粮中，瑞金完成筹谷70余万担。1934年7月至9月，瑞金全县妇女做布鞋50多万双，瑞林区70多岁的陈大娘听到区苏维埃政府的号召，将平时舍不得穿的半新衣服和围裙拆了，精心做了9双布鞋送

线描画：《捐粮》

给红军战士。正如长征出发时许多战士流着泪所说的:"我们吃的、穿的、用的,都是苏区人民送的,凝聚着苏区人们的深情厚意……"

红都小课堂

无私奉献映丹心

一部伟大的苏区史,就是广大苏区军民的无私奉献史。为了革命,为了苏维埃事业,苏区人民积极参战,以身许国,浴血沙场。据统计,中央红军长征出发时的8.6万余人中,赣南籍子弟有五六万人;民政部门登记在册的赣南为革命牺牲的烈士有10.82万人,占江西全省烈士总数的43%。苏区时期,兴国县参加红军的有5.5万人,有名有姓的革命烈士23179人,全县平均每四人中有一人参加红军;瑞金县参加红军的4.9万人,有名有姓的革命烈士17166人;于都县参加红军的6.7万人,有名有姓的革命烈士16336人。闽西苏区有2.8万余人为革命牺牲。

第四部分

不朽的丰功伟绩

——八大元帅在瑞金

1955年9月27日，中华人民共和国授元帅军衔及授予勋章典礼在北京中南海怀仁堂隆重举行，中华人民共和国中央人民政府主席毛泽东颁发命令状，授予十位在人民军队中拥有崇高威望、立下卓越功勋的高级将领元帅军衔。在十位元帅中，有九位是从中央苏区瑞金走出来的。本部分讲述的是朱德、彭德怀、刘伯承、贺龙、陈毅、罗荣桓、聂荣臻、叶剑英这八位元帅的故事。他们都在中央革命根据地这块红土地上战斗、工作、生活过。他们是伟大的无产阶级革命家、军事家，中国人民解放军创建人和领导人。他们是人民军队的中流砥柱，为了中国人民的解放事业，为了人民的幸福与安康，奋斗了一生，建立了不朽的丰功伟绩，永远是我们学习的榜样。

爱兵如子
朱德元帅的故事

度量大如海，意志坚如钢

度量大如海，意志坚如钢。这是毛泽东主席对朱德的一句评价。

1928年4月，朱德率部上井冈山，与毛泽东会师，5月正式成立中国工农革命军第四军，朱德任军长，毛泽东为党代表。从此，"朱毛红军"便成了中国工农革命军第四军的代称，"朱毛"这两个名字总是连在一起。自树立起共产主义远大理想之日起，朱德始终对党和人民的革命事业抱有必胜信心，无论环境如何险恶，处境如何艰难，都立场坚定，毫不动摇。在长期的革命生涯中，朱德与毛泽东配合默契。朱德的宽和忍让、纯朴谦逊、忠厚笃实，让毛泽东对他赞誉有加。

1930年11月，红一方面军从袁水流域向赣江东岸转移。连续行军10多天，红一方面军总部特务大队队长严德胜的最后一双草鞋穿得没了脚后跟，脚趾部位也只剩下绳索。严德胜见草鞋烂成这样，索性把它扔了，光着脚行军。总部行军到达吉水县八都镇宿营，因行军劳累，严德胜很快进入了梦乡。

次日拂晓，军号响起，严德胜一骨碌爬起来，只见一双补好的草鞋整齐地放在床前，他抓起来一摸，鞋底软绵绵的，结结实实的。"这是咋回事呢？"严德胜被弄得一头雾水。大队政委告诉他，这是朱老总把他扔的烂草鞋捡回来，在驻地连夜补好，放到他床前的。严德胜听后，激动得眼泪都要

朱德使用过的毛毯

1934年朱德穿过的白布褂

出来了。他找到总司令，向他深深地鞠了一躬，朱德微笑着说："你这是干啥子哟，你们是我带的兵，就如我儿子一般，有啥子好谢的。以后要爱惜自己的东西，也要学会打草鞋、补草鞋。打仗行军光着脚是不行的。"总司令的这几句话传开后，部队打草鞋、补草鞋成为一种光荣传统。

部队到达永丰县城后，朱德面对寒冷的天气，决定在部队中开展体育运动，增强战士们的体质，同时也是一种文化娱乐活动。朱德喜欢踢足球，在踢球时，战士们喜欢把球踢给总司令，总司令也准确地把球踢回给对方，形成官兵互动的融洽场景。

有一天，大家在草地上踢得正起劲时，突然天空中传来轰鸣

声,一架敌机超低空飞来。朱德大喊:"大家就地隐蔽,快!"他站在球场中央,指挥战士们疏散。这时一颗炸弹从空中抛下,朱德一看不妙,在炸弹落地前扑向离落弹最近的两名战士,并把他们按倒,"总司令!"战士们一片惊呼。硝烟过后,只见朱德扑在两名战士身上,像母鸡爱护鸡崽一样。朱德安然无恙地爬起来,被救的两名战士赶紧爬起来为总司令掸灰尘,不好意思地说:"总司令,本来应该我们保护您,反而是您保护了我们!"朱德笑呵呵地说:"我就像母鸡一样,看到老鹰就扑到你们身上。没有把你们压扁吧?"总司令的话,引来一阵笑声和掌声。

红都小课堂

伙夫军长

1929年1月的一天,红四军进入瑞金,一路小跑向宁都方向行军,先头部队已达大柏地境内。军长朱德因拉肚子,落在部队后面,又恰逢一名伙夫患病背不动铁锅,朱德抢着背上铁锅,并催促伙夫快速追赶部队。不一会儿,敌人的先头部队赶了上来,敌连长喝住背锅的朱德,问:"做饭的,你看见一队人马走过吗?"朱德不慌不忙地指着东边大道说:"走那边去了,还有人骑马呢!"敌人信以为真,就追了过去。几天后大柏地战斗结束,红军清点俘虏时,那名敌连长看见了为自己"指路"的伙夫,又听见战士们叫他军长,敌连长瞪大眼睛说:"原来伙夫是军长!"

"崽卖爷田心不痛"
彭德怀元帅的故事

谁敢横刀立马？唯我彭大将军

1935年10月，红军陕甘支队到达陕北的保安县吴起镇，至此，中共中央、红一方面军主力历时一年的长征结束。红军到达陕北后，敌人的几个师追击而来。毛泽东对彭德怀说："我们一定要打退追敌，打得敌人惧怕我们，不敢进入我们的根据地！"彭德怀立即布置，打垮敌人五个团。敌人遭此痛击，溃退回去，从此不敢进入陕北根据地。吴起镇战斗胜利后，毛泽东异常兴奋，立即挥毫赋诗一首："山高路远坑深，大军纵横驰奔。谁敢横刀立马？唯我彭大将军。"短短24个字，勾勒出了彭德怀的英雄气概。

1933年9月，共产国际派给中央红军的军事顾问李德从福建来到瑞金。

李德在指挥红军作战时，不问中国国情，不看战场实际，只坐在屋子里按地图指挥战斗，在地图上画红线、蓝线瞎指挥，这使前线指挥员十分不满。彭德怀多次提出意见和建议，却不被李德采纳。1934年4月，在广昌战役中，李德将军事地图挂在前线指挥部的墙壁上，画着红、蓝箭头要红军与敌人硬碰死拼，造成红军重大伤亡。4月28日，广昌失守。彭德怀憋了一股子气去见李德，李德仍在宣传他那套失败的战术："这是堡垒对堡垒、阵地对阵地的堡垒战术，比你们毛泽东搞的那种散兵游勇的游击战术气派很多……"彭德怀火上心头，怒斥道："你还有脸吹嘘？你们指挥作战，十次指挥十次失败，一次也不成功！从第四次反'围剿'以来，红军在你们的指挥下就没有打过一次胜仗。固村战斗，打成了消耗战，使广昌失守。你们坐在瑞金指挥的第二次进攻南丰的战斗，几乎造成一军团全军覆灭！连迫击炮放哪个位置，都规定得死死的。若不是红军有高度的自觉精神，一、三军团早就被你们葬送了！"彭德怀越说越激动，他指着李德的鼻子说："中央苏区开创到现在5年多了，一、三军团组建到现在也4年多了，可见创建根据地是多么困难。现在就要被你们葬送掉。你们是'崽卖爷田心不痛啊'！"彭德怀骂完，拂袖而去。李德站在原地愣了半天，等翻译将彭德怀的话告诉他后，他气得暴跳如雷："我……我要撤你的职！"

彭德怀回到驻地，把仅有的一套军装和几本书一卷，准备回瑞金等待撤职、公审、坐牢。只要能使红军打胜仗，不再受损失，他被杀头也无所谓。

慑于彭德怀在广大红军中的威望，李德不敢贸然作出决定，加之彭德怀在四次反"围剿"中立下赫赫战功，特别是在第三次反"围剿"中，他指挥三军团一日两仗，俘敌3500多人，创造了红军与国民党军队开战以来歼敌最多的战例。李德考虑到自己若提出处理彭德怀，必然会引起公愤，也就没有再追究。

红都小课堂

炮 位

第五次反"围剿"打得异常激烈，自从红军的指挥权交给洋顾问李德，整个战役全盘推行苏联打法，连作战部队安放的炮位都要由这位洋顾问标到图上。这让红军一线指挥员恼火、憋气。1934年8月的一天，广昌高虎脑战斗，敌我双方呈胶着状态。红一军团司令彭德怀乘战斗间隙，检查炮位安放点时，发现一名团长在按图索骥，与战场实际情况相距甚远，彭德怀吼道："把炮位往前挪200米，打掉敌指挥所。"团长面有难色，说不按上级定下的作战方案会上军事法庭。彭德怀斩钉截铁地说："按我说的做，有事找我！"这名团长按彭德怀的指令安放好炮位，一炮把敌方的指挥所炸上了天。

求实之师
刘伯承元帅的故事

军神

1916年，24岁的刘伯承率领川东护国军参加蔡锷发动的护国讨袁战争。3月中旬，刘伯承率军攻打丰都县城时不幸中弹，一弹擦伤颅顶，一弹从右太阳穴射入，透右眼而出。由于缺医少药，加上经此一役后各地都在悬赏追捕护国军将士，刘伯承在年底才辗转来到重庆临江门外德国医生沃克开的诊所。"手术不用麻醉。"为了保护大脑神经，刘伯承向沃克提了一个要求，在随后三个多小时的手术中，沃克先将腐烂了的眼球割掉，然后将眼眶里的腐肉一点一点地清除……"一共72刀！你每割一刀，我都在心中数着。"术后，刘伯承告诉沃克。"我还是第一次遇见像你这样勇敢的人！"沃克惊叹，"你是一个真正的男子汉，一块会说话的钢板！你堪称军神！"自此，刘伯承"军神"的威名誉满天下。

1930年夏，刘伯承结束了在苏联的学习回到国内，1932年1月进入中央革命根据地中心瑞金。红军取得了第三次反"围剿"

胜利后，根据地迫切需要大批能文能武的军事干部，办好军事学校成为当务之急。刘伯承的到来让毛泽东、朱德很高兴，决定由他担任中央军事政治学校（后改为中国工农红军学校，简称"红军学校"）校长兼政治委员，刘伯承愉快地接受了这一光荣的任务。

刘伯承在国内国外多次进入各种军事院校接受正规系统的训练，对办好红军学校充满信心。他认为学校想办好，关键在教员；军校办得是否成功，要看学员学成后在战场上的指挥能力如何。因此，他在各部队选拔了一批经过各种军事院校训练过的指挥员，来红军学校任军事教官。刘伯承对他们既充分信任又严格要求，使他们能自觉地搞好教学工作。

刘伯承在军事教学上强调"不空谈理论，一切从实战要求出发"，对外国的军事理论不照搬，没用的丢弃，有用的加以借鉴，求实求真。他常常亲自为学员讲课，他讲课时声音洪亮，讲解生动，比喻形象，引人入胜，极富吸引力，学员们最喜欢听他讲课。刘伯承是务实的，对于战术课，他常常带领学员走出课堂，在崇山峻岭中讲授课程，有时甚至冒着生命危险来到前线战场上，实地讲解工事构筑、进攻与防御、地形利用等。一次，刘伯承带领40多名即将毕业的学员到中央苏区南大门会（昌）、寻（乌）、安（远）交界处前线讲解军事地形学，作为毕业论文解答课。一天夜里突然下起了蒙蒙细雨，山地一片黑暗，刘伯承和学员们在林中搭帐篷宿营，被当地的反动民团引来国民党陈济棠部的一个营团团围住，形势十分危急。刘伯承听了敌情报告，镇定自若，他趁敌人

1933年9月，中国工农红军学校颁发给第五期学员曾荣的毕业证书

还没有形成合围之际，集合学员们，实地教学："现在敌强我弱，我们又缺少武器，硬拼肯定是不行的，怎么办？为了不被敌人消灭，唯一的办法是跳出敌人的包围圈。但从哪里突围呢？"学员们面对险恶的环境，认真思考。他们来到这三县交界的山地时，已经勘察过了周围的地形地貌，知道下山有两条路线可走。一条是大道，但大道肯定被敌人封锁了；一条是东南边的羊肠小道，这是地图上没有标出来的，是崇山峻岭中猎人踩出来的打猎道，而且一路都是悬崖峭壁，还有荆棘茅草，敌人现在还不知道。学员们齐声回答走羊肠小道，刘伯承微笑着点点头。刘伯承在强敌面前镇定自若的大将风度，深深地感染着学员们。学员们在校长的指挥下，

借着夜色，冒着细雨，沿着怪石嶙峋、荆棘丛生的悬崖峭壁，攀缘前行。经过三个多小时的急行军，终于跳出敌人的包围圈，安全返回红军学校。

不久，这批学员毕业时，在学校的留言簿上写道："刘伯承校长是我们学员的求实之师，是我们终生学习的榜样。"

红都小课堂

刘伯承刻苦学习俄语

1927年11月，受中共中央指派，刘伯承从上海登上了驶往苏联的轮船，到苏联学习。

刘伯承首先被送往莫斯科高级步兵学校学习语言和基础课程。此时刘伯承已经36岁了，是中国学员中年龄最大的。为了能直接阅读俄文书籍、听懂苏联教官讲课，刘伯承抓紧一切时间背俄文单词。莫斯科冬天的早晨，气温大都在零下15摄氏度左右。每天早晨，刘伯承都提前来到操场上朗读俄文。夜间，为了不影响别人休息，刘伯承就寝之后就蒙上个毯子，在"小帐篷"里学习，他在给国内朋友的信中写道："视文法如钱串，视生字如铜钱，汲汲然日夜积累之，视疑难如敌阵，惶惶然日夜攻占之。"短短半年时间，他的俄语水平突飞猛进，能直接听教官讲课，直接阅读俄文教材，阅读和翻译能力在班里是最好的。由于学习成绩优异，刘伯承被推荐提前进入伏龙芝军事学院继续深造。

"大胡子军官"
贺龙元帅的故事

两把菜刀闹革命

1916年，20岁的贺龙在家乡组织了20多名农民，拉起了队伍，但手里没有武器。当他听说芭茅溪盐局的税警刚刚装备了十多支洋枪时立即高兴起来，曾以赶骡马运盐巴为生的他深知盐局剥削坑害百姓，罪大恶极，而税警更是为虎作伥。一天夜里，贺龙带着组织起来的20多个农民闯入盐局。他用菜刀砍死税警队长，缴获15支步枪、2支手枪和9000斤盐，他下令把盐全部分给穷人。他们还用缴获的两箱铜钱制作了200套军服，正式成立了桑植"讨袁军"。贺龙"两把菜刀闹革命"的故事传扬开来，也从此开启了他革命的一生、战斗的一生和传奇的一生。毛泽东在三湾改编中为鼓励起义军曾举此例，他说："贺龙两把菜刀起家，现在当军长，带出了一个军。我们现在不只两把菜刀，我们已经有了两个营的兵力，还怕干不起来吗？"

南昌起义后，起义部队按计划撤出南昌，南下广东，准备在那里建立根据地。1927年8月26日，南下的起义军部队与国民

贺龙入党处旧址（赖氏宗祠）

　　赖氏宗祠建于1897年，坐北朝南，砖木结构，瑞金绵江中学在此办学。1927年9月，贺龙、郭沫若、彭泽民在此加入了中国共产党。现为瑞金市文物保护单位。

党钱大钧驻赣南的5个团发生了遭遇战。朱德带领部队从正面冲锋，但因敌人以逸待劳，做了充分准备，在强敌面前，起义军怎么冲也撕不开一个缺口。危急时刻，贺龙带领的3个团从敌人背后杀过来，一下打乱了敌人的计划，战斗打到傍晚6点多，枪声渐渐停下来，敌人丢下900多具尸体往瑞金城方向逃窜，而起义部队也伤亡600余人。贺龙命令战士们协助卫生员全力抢救伤员，一个都不准落下。指战员们领命而行，撒网式地搜索受伤的战友。贺龙命令完毕，正要起身上马离开时，忽然听到一声声微弱的呼喊："救命啊，救命啊！"贺龙循声找去，只见一个50多岁的村妇倒在一棵松树下，按着腰部，从手指缝中渗出殷红的鲜血。贺龙二话不说，紧跑几步过来，问道："俵嫂，你怎么啦？怎么受的伤？"村妇痛得汗珠直淌，咬着牙说："我在树林里放牛，不一会儿，到处是枪声，我害怕，躲在这里，但被打了一枪……长官，救救我吧！"

　　贺龙赶紧用自己的绑带为村妇包扎伤口，但依然止不住血。他摸摸身上，掏出烟荷包，倒出烟丝，按在村妇的伤口上，血终于止住了。贺龙知道，烟丝止血只是暂时的，必须把她抬到部队卫生队进行救治。不巧的是，跟随的卫兵左脚也中弹受伤，背不动村妇。贺龙吩咐道："你去叫副担架来，我背着她顺大路走，跟得上部队。你的伤也要包扎好。"卫兵虽不愿离开首长，但在贺龙威严的目光下只好跛着脚去叫担架。半小时后，卫生员和担架队来了，他们接过村妇，现场进行包扎，然后按照贺龙的命令把她抬到部队驻地卫生队进一步医治。几天后，贺龙来到驻地卫生队看望伤员，特地问到受伤的村妇，并看望了她。村妇恢复得很好，即将出院回家。村妇在治疗过程中，知道了"大胡子"是名军官，是为老百姓打土豪杀恶霸才来到瑞金的。她对这位"大胡子军官"说："我有两个儿子，我回家就叫他们来找你，请你收下他们当个兵吧，做个为老百姓办事的好兵。"贺龙磕磕烟斗，笑着回答："欢迎。"

"大胡子军官"救村妇的故事很快传开了，百姓们纷纷称赞"大胡子军官"。几天后，村妇的两个儿子找到贺龙要求当兵。贺龙说："你们兄弟中只能一个人来当兵，你们商量一下，一定要留下一个照顾父母。"经过商量，哥哥留在家里照顾父母，弟弟如愿加入了部队。

红都小课堂

"我是党的人了"

1927年8月25日，八一南昌起义部队南下到达瑞金壬田。8月26日，起义军在总指挥贺龙的指挥下，消灭敌人5个团，解放了瑞金县城，又一鼓作气消灭了会昌县的顽敌，取得了南下首捷。中共前敌委员会等领导机关驻扎在瑞金绵江中学。中共前敌委员会书记周恩来说："在瑞金、会昌战斗中，总指挥贺龙表现出与共产党合作的意愿，此前他曾多次要求加入中国共产党，我认为应该考虑把他吸收进党内了。"周恩来的话得到前敌委员会全体委员的赞同。9月，在绵江中学，贺龙在鲜红的党旗面前宣誓入党。他说："我是党的人了，我指挥的队伍就是党的队伍。"

四块光洋

陈毅元帅的故事

创业艰难百战多

1934年10月，中央红军长征后，陈毅因腿部受伤被安排留在赣南打游击。1936年冬，陈毅领导的游击队在大庾（今大余）县梅岭山区被一个师的敌人围困。当时陈毅旧伤未好又染新病，在树丛草莽中隐藏了20余天，他心想这次大概不能突围了，写下了三首绝笔诗留藏衣底。诗曰："（一）断头今日意如何？创业艰难百战多。此去泉台招旧部，旌旗十万斩阎罗。（二）南国烽烟正十年，此头须向国门悬。后死诸君多努力，捷报飞来当纸钱。（三）投身革命即为家，血雨腥风应有涯。取义成仁今日事，人间遍种自由花。"

1929年3月，中国工农红军第四军由赣南首次入闽，一举歼灭了当地军阀郭凤鸣旅，解放了古城长汀。红军进城后，立即发动工农群众开展了轰轰烈烈的革命斗争，建立政权，分田分地。与此同时，大力补充部队给养。为了在补充给养中严格执行红军制定的三大纪律、六项注意，红四军前委把这一艰巨任务交给了军政治部主任陈毅。他领受任务后，严格执行纪律，没收了十余家反动豪绅、资本家的财产，还向资本在千元以上的商人筹集军饷，总计筹得现洋5万余元。

这么多钱怎么花？有人说，自从离开井冈山后，一路行军作战，非常艰苦，现在有钱了，每人分三四十块零花钱，改善改善生活也不为过。但有些指挥员不同意分钱的办法，红四军前委指示军政治部拿出一个合理的方案。陈毅得到指示后，一面召集政治干部开会，号召干部们想办法、出点子；一面亲自深入基层、连队，找战士们谈话，征求大家的意见。有一种建议占了上风：现在是革命战争最艰苦时期，每一分钱都来之不易，我们要注意节约。另外，钱分多了会带来各种不良现象，比如有的战士不舍得花钱，将钱放在口袋里，几十块大洋沉甸甸的，怎么冲锋打仗？战斗打响了，战士们是保护大洋还是消灭敌人？行军时发出咣当声，既怕钱丢又怕影响部队军事行动，只好用手去捂，这样能行军打仗吗？如果有的战士拿到钱后，上街乱花乱用，不但会滋生不良思想，而且会严重影响部队的整体形象，有失红军威严。

陈毅听到这些好的建议后，为战士们有这样高的思想觉悟叫好。他又了解到战士们普遍缺少日常用品，如毛巾、牙刷等。陈毅把收集的意见上报红四军前委。根据政治部提出的综合意见，红四军前委决定：一是通过长汀邮局的地下党员罗旭东汇一笔钱给在上海的党中央作活动经费；二是在江西瑞金大柏地战斗中，红军借用了百姓的粮食、食油、猪肉等物品，政治部派宋裕和带500块大洋到大柏地偿还群众；三是拨出一部分钱款救济长汀的贫苦工农；四是红四军将士和俘虏兵一律平等，每人发给四块大洋的零用钱。剩下的钱做了4000套红军军装。从这时起，中国工农红军有了统一的军装，红军将士们换上新军装，部队精神面貌焕然一新，军威大振，他们更加敬佩政治部主任陈毅的工作方法和爱兵之心。

红都小课堂

陈毅退捐款

1929年3月，红四军攻克长汀城后，军政治部承担了为部队筹集作战经费的重任。政治部主任陈毅组成募捐委员会，召开募捐会议，让地下党负责人介绍城区工商业现状，规定募捐标准。地下党负责人介绍了毛铭新印刷所的情况，这是一家家族企业，是借高利贷创办的，经营艰难。不久，募捐委员们筹集到数万大洋。陈毅细看募捐名册，发现毛铭新印刷所募捐200块大洋。陈毅有些疑惑，找来有关人员询问，说是该所虽负债经营，但拥护红军，多捐100块大洋。陈毅当即决定向该所退回100块大洋。他语重心长地说："没规矩，不成方圆。定了标准，必须执行！"

践行五湖四海原则
罗荣桓元帅的故事

"政工元帅"罗荣桓

罗荣桓多谋善断,处变灵活,特别善于做思想政治工作,是中国人民解放军政治工作奠基人,被称为"政工元帅"。1929年古田会议时毛泽东评价他说:"罗荣桓是个人才,是一位很好的领导干部,对这个同志我们发现晚了。"罗荣桓是十大元帅中最早逝世的一位。罗荣桓逝世后,毛泽东十分悲痛,夜不能寐,写下了七律《吊罗荣桓同志》:"记得当年草上飞,红军队里每相违。长征不是难堪日,战锦方为大问题。斥鷃每闻欺大鸟,昆鸡长笑老鹰非。君今不幸离人世,国有疑难可问谁?"一句"君今不幸离人世,国有疑难可问谁",表达了对罗荣桓的信赖、倚重和惋惜之情。

1930年6月,长汀整编,红四军编入工农红军第一军团,军团长朱德,政委毛泽东。在挑选红四军政委时,毛泽东考虑了很久,最后看准了原红四军第二纵队党代表罗荣桓,推荐他为红四军代

理政委。

原来部队整编时，原红四军第三纵队全部调到闽西扩编为第十二军，原闽西的第十二军的部分人马整编为红四军第三纵队。新三纵队由于缺乏严格的训练及战士地域籍贯复杂，要比原三纵队弱得多。罗荣桓很了解新三纵队的这一现状，他任红四军代理政委后，马上把行李搬到新三纵队，决定首先对新三纵队中问题最复杂的特务大队进行具体帮助，改变现状。

罗荣桓经过同战士们共同生活，发现特务大队大队长是湖南人，爱吃辣椒，菜不辣会乱发脾气。而大队政委是广东人，不爱吃辣椒，面对有辣的菜，常常吃不下饭，意见很大。这样在吃饭的问题上便形成两个对立面，大队长的爱好得到同样爱吃辣椒的江西籍战士的喜欢，却受到政委及广东、福建籍战士的反对。这个大队长脾气不太好，急了还骂人，而政委也不让步。于是，辣椒问题不但让炊事班战士左右为难，也在战士中引发了矛盾。

罗荣桓召开大队支委会议，邀请了数位不同省籍的基层党员战士与会，要求大家就吃辣椒问题进行讨论，拿出一个大家都能接受的方法来，消除矛盾，加强团结。会上，罗荣桓说："我们这个大队虽然才200多人，但来自四面八方，有江西的、福建的、广东的、湖南的，饮食习惯肯定不尽相同。要不是因为信仰相同，有一个共同的目标，大家肯定也不认识。革命使我们成为阶级弟兄，因此我们一定要团结起来，把这个吃辣椒与不吃辣椒的矛盾解决好。不要因为这个问题影响大队全体指战员的团结。不团结，一定搞不好工作,自然会影响我们的作战任务,会产生很严重的后果!"说到这里,罗荣桓神情有些严肃,口气也严厉多了,"今天召开这个支委会议,首先要求我们所有的共产党员一定要起到先锋模范作用,大家在一个锅里吃饭,应当相互谅解,相互照顾。炊事班长也在这里,对于辣椒问题,我有一个建议,你们买回的辣椒另外存放,单炒,不混在菜里,吃辣椒的同志自己去夹。这样既可以满足爱吃辣椒的江西人、湖南人的需要,又照顾了广东人、福建人不喜辣的口味。"罗荣桓的话一讲完,会议室顿时响起一阵掌声。大队长、大队政委当场表态要遵照代理政委罗荣桓同志的提议执行,并加强团结,在以后的战斗中发挥更大的斗志,多打胜仗。

在罗荣桓的帮助下,特务大队的辣椒问题得到妥善解决。在接下来的走访中,罗荣桓又发现了一个问题:福建籍战士不会讲普通话,满口闽南语,与其他地方的战士语言不通,讲不到一块儿。

罗荣桓为此又专门召开会议。他在会上说明了讲普通话的好处,要求来自福建的同志在战斗间隙要多学普通话,多认汉字,把字音读准,否则以后作为干部向部队讲话,来自五湖四海的战士们就听不懂。同时,又要求江西籍的战士谦虚一点儿,与福建籍战士结对子,热情帮助他们学习普通话。会后,各大队开展了学讲普通话的活动。罗荣桓在工作之余也常常下到各个大队,检查、督导战士们学习普通话的活动。经过一段时间的学习和相互帮助,指战员们的语言障碍问题得到很大改善。

三纵队吃辣问题、团结问题、语言障碍问题等，在红四军代理政委罗荣桓"五湖四海"思想的指导下，较快地得到解决，部队的战斗力与凝聚力都大大提高。

罗荣桓的有效创新方法，不仅在红四军内推广，并被其他部队效仿。不久，罗荣桓代理政委的"代理"两字去掉了，正式任红四军政治委员。

红都小课堂

率先垂范铸铁军

罗荣桓说："我军之所以百战百胜，无坚不摧，成为革命战争中最优秀的铁军，就是因为有党的领导，以及整个政治工作的保证。"罗荣桓从秋收起义担任特务连党代表起，就与党的政治工作结下了不解之缘。此后，党代表、政治部主任、政治委员、总政治部主任、解放军政治学院院长等我军政治工作的各级领导岗位便一直伴随着他光辉的一生。罗荣桓给自己定了一条规矩：凡是要求别人做到的，自己首先做到。打仗时，他在最前头冲锋，撤退时，他在最后面掩护；行军时，他经常扛着几支病号或掉队战士的枪；宿营时，他每夜查铺，逐个将战士的被子盖好；发零用钱时，他最后去领；自己病了，咬牙工作，可战士病了，却一天几趟嘘寒问暖。罗荣桓用过硬的作风和务实的工作赢得了官兵的爱戴。

"夹克委员"
聂荣臻元帅的故事

前有鲁智深，今有聂荣臻

聂荣臻曾在上海、香港从事秘密地下工作，在红军长征途中打先锋，在抗日战争最艰难的时期，他为创建晋察冀敌后抗日根据地作出了特殊的贡献。1938年6月，毛泽东在延安同白求恩交谈时说，中国有一部很著名的古典小说，叫作《水浒传》。《水浒传》写了鲁智深大闹五台山的故事，五台山就在晋察冀。毛泽东接着风趣地说："五台山，前有鲁智深，今有聂荣臻。聂荣臻就是新的鲁智深。"中华人民共和国成立后，20世纪50年代中期，聂荣臻被中共中央确定为具体领导和组织新中国科技工作的负责人，他为国防科技事业特别是"两弹一星"的研制殚精竭虑，鞠躬尽瘁。

1931年12月中旬，为加强中央苏区红军队伍的领导力量，中共中央决定派聂荣臻到瑞金工作。张瑞华得知丈夫要到前线去工作，特意为丈夫买了一件黑色皮夹克，并按丈夫的身材修改了几个地方。她知道中央苏区是贫困山区，常常衣食无着。这件皮夹克穿在身上既可御寒，行军打仗跑起来又贴身方便。聂荣臻把倾注了妻子全部爱的皮夹克穿在身上，告别妻儿，离开上海来到瑞金。

开始，毛泽东委派聂荣臻到宁都暴动过来的第五军团做起义军的总结安置教育工作。任务完成后，翌年初，聂荣臻被任命为中国工农红军总政治部副主任，不久，担任红一军团政委。由于他平素喜欢穿妻子送给他的皮夹克，在部队中特别显眼，加上他戴着一副眼镜，又平易近人，走起路来有股儒将风范，战士们都喊他"夹克委员"。

1991年，聂荣臻为纪念中央革命根据地创建暨中华苏维埃共和国临时中央政府成立60周年题词

红一军团军团长是林彪。1933年1月7日，红一军团受命歼灭金溪一带来犯之敌。浒湾是金溪城北的一处重镇，浒湾及其附近有14个团的敌军妄图兵分两路，一路攻占金溪，一路攻占琅琚、

黄狮渡。根据敌我双方情况，林彪、聂荣臻决定：三十一师为右翼，在金溪以西的公路北侧吸引、钳制和阻击琅琚、白元方向来犯之敌；红一军团和二十二军为歼灭浒湾来犯之敌的主力。

1月8日，红一军团第四军由金溪沿公路向西进攻，在枫山铺与敌两个旅共6个团遭遇，展开激战。由于敌人抢占了路北的制高点，又有飞机、大炮助战，红军伤亡很大。聂荣臻、林彪来到前沿阵地指挥战斗，那个平素举止儒雅、平易近人的"夹克委员"，在硝烟弥漫、弹片纷飞的战场上，完全是一个沉着无畏的勇士，部队士气当即振奋起来。但由于洋顾问李德采取"堡垒对堡垒"的错误战法，这一仗虽然重创敌军，红军也伤亡惨重。

在李德战术能否适用红军作战这一点上，聂荣臻与林彪之间出现分歧，林彪对李德那一套战术理论表现出少有的热心，而聂荣臻是不赞成的，并为之担忧。

聂荣臻的这一担忧，在永丰丁毛山与敌人进行"堡垒对堡垒"的堡垒战中得到验证。丁毛山战斗于1933年12月25日发起攻击，红军战士与敌拼杀了10天，终于将一个师的敌人包围。由于红军没有重武器，虽然包围了敌人，却对龟缩在堡垒内的敌人无可奈何。这一仗进行到中途，红军伤亡更大。聂荣臻忍不住了，向林彪提出不能这样打下去了。面对血淋淋的现实，林彪有所醒悟，下令撤出战斗。

1934年9月，红一军团接到温坊（今文坊）战斗的命令，此次聂荣臻力主放弃"短促突击"的战术，采用运动歼敌的作战方法，他自己在战场上指挥红军,又穿梭在敌人的枪弹下,一道亮丽的"夹克风景"鼓舞着红军将士们灵活作战、奋勇杀敌,取得了战斗的胜利。这场战斗是第五次反"围剿"以来红军的一场出色的运动战,它使毛泽东诱敌深入、以运动战形式歼灭敌人的作战思想得到印证和充分发挥。

红都小课堂

香港历险

1927年广州起义失败后,聂荣臻先后在香港、天津、上海等地从事地下工作。地下工作艰险而又复杂,需要时时刻刻保持高度的警觉。在香港时他数次历险。有一天,聂荣臻上了电车,突然看到有个人的眼神不对,凭借丰富的地下工作经验,聂荣臻知道遇上叛徒了。这个叛徒也认出了聂荣臻,还冲他点点头。聂荣臻知道情况不妙,就瞅准时机挤到门口,抬腿从行驶的电车上跳下来。"那时候香港电车的车门是不关的,做秘密工作的人,重要的一条是要学会跳车。"聂荣臻后来说。

严宽相济

叶剑英元帅的故事

吕端大事不糊涂

中央红军到达四川与红四方面军会合后,1935年8月,中央决定分为左、右两路军同时北上。毛泽东与中央机关在右路军,红四方面军司令员兼红军总政委张国焘在左路军。但是张国焘此时自恃红四方面军有8万多人,兵强马壮,便企图分裂党、分裂红军,另立中央。9月9日,张国焘密电右路军政委陈昌浩,命其率右路军南下,并要"彻底开展党内斗争"。正在开会的叶剑英看到密电后,借故离开会场,立刻向党中央驻地飞奔而去,亲自把密电交给毛泽东。毛泽东得信后马上命令右路军立即北上,挫败了张国焘的阴谋。毛泽东后来曾多次称赞叶剑英在这一关键时刻"救了党,救了红军",说他是"诸葛一生唯谨慎,吕端大事不糊涂"。

1931年11月7日至20日,"一苏大会"期间,举行了中华苏维埃第一次全国代表大会阅兵仪式,叶剑英担任阅兵仪式总司令。1932年10月,叶剑英接替刘伯承,任中国工农红军学校（简称"红军学校"）校长兼政治委员。

走马上任后的叶剑英，在原有的教学基础上，根据苏区需要，扩大招生规模，在教学方法上进行改革。同时成立上干队，专门培养团以上军政干部人才。他对教员、学员都提出了严格要求，制定了严格的学习、训练、作息制度，违反者予以严肃处置。叶剑英认为，如果训练不严格，就不能练精武艺、练强意志。他常教导学员："懒兵无斗志，骄兵必败。"他身教重于言传，特别注重从自身做起，处处率先垂范。虽然是校长，但他每天早早起床，和大家一起出操跑步，与学员一起练单杠、双杠，做车轮、大旋转等高难度动作，还给大家作示范，使许多年轻

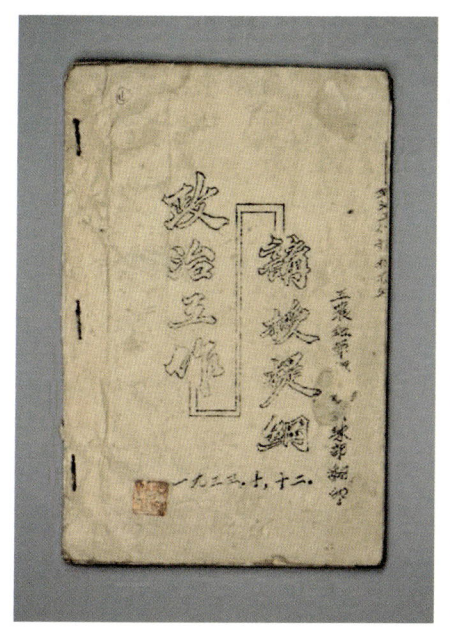

中国工农红军学校政治工作讲授提纲 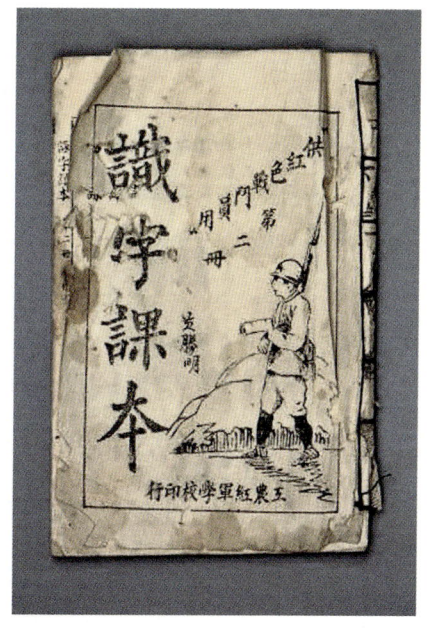　　中国工农红军学校印行的识字课本

中国工农红军学校第二期学员证 　　　　　　中国工农红军学校训育部事务员朱介仔的工作证

学员敬佩不已。

有一天,叶剑英不小心扭伤了脚,校医为他拔来草药敷上,劝他休息几天。校长脚扭伤的消息很快在校园内传开了,教员和学员纷纷前来探视。次日早晨出操时,有些学员产生了懒惰思想,欲趁校长脚伤期间睡个懒觉。但是没想到,叶剑英在出操号响后不久,便拄着拐杖来到学员的寝室,用拐杖笃笃地敲响了床架。有一个学员捂着被子说:"吵什么啊!叶校长还在睡懒觉呢!"

叶剑英听后,又好气又好笑,用拐杖把他的被子掀开,这个学员刚想开口骂人,一眼看见神色威严的校长站在床前,惊呼一声坐起来:"叶校长来啦!"其他还在睡懒觉的学员赶紧爬起来,边穿衣服边往操场上跑。叶剑英逐一到学员的寝室掀开赖床者的被子,发现全校竟有20多个不按时起床的学员。他拄着拐杖,与教务长一起把20多名违规学员集合在一起，进行了强制操练，练完后，命令他们站在寒风中一个小时，以示惩戒。叶剑英自己也站在寒风中执法。违规的学员们哑然了，心里特别后悔。从这件事上，学员们看到了叶校长的严厉，从此不敢懈怠，教员、学员都养成了雷厉风行、令行禁止的好作风。

叶剑英在创造"严"的氛围的同时，还非常注重创造"宽"的气氛。红军学校成立了俱乐部、文工团，经常组织文艺晚会，丰富学员生活。叶剑英唱歌、弹琴，样样皆通。这位广东梅县出来的客家汉子，对客家山歌情有独钟，他又有一副好嗓子，唱起山歌来掌声如潮。学员们被这个爱讲笑话、样样皆能的叶校长所折服，他们觉得叶校长让人亲近、让人敬佩。

刘伯承、叶剑英在沙洲坝使用过的折叠式木桌（国家二级文物）

叶剑英校长严宽相济的教学方法得到广大教员、学员的拥护，传为美谈。

红都小课堂

革命低潮时入党

1927年4月12日，蒋介石发动反革命政变。叶剑英通电反对蒋介石，遭到蒋介石的通缉。叶剑英逃至武汉，在这里，他遇到梅县同乡李世安。李世安是一名共产党员。在广州时，他和叶剑英就见过面。彷徨之中的叶剑英见到李世安，感到非常亲切，经常找他谈心。

当时，叶剑英看到国民党官僚只谋一己之私，发现只有共产党人大公无私，真心实意地为工农大众谋福利，把革命进行到底。因此，他更加坚定了加入中国共产党的决心。叶剑英把自己渴望入党的要求和几年来在找党、入党问题上遇到的波折和苦恼都告诉了李世安，希望他能介绍自己入党。

李世安心里明白，像叶剑英这样的国民党高级军官，虽然已经通电反蒋，但要在基层党组织里讨论他的入党问题，还可能产生波折。于是，他秘密找到周恩来，向周恩来汇报此事。周恩来想起同叶剑英的交往，当即肯定地说：他的底子我知道，是好的，我们应当表示欢迎。就这样，1927年7月，中共中央批准叶剑英为中共正式党员。

第五部分

回望峥嵘读初心

——中央国家机关全国
爱国主义教育基地

中华苏维埃共和国临时中央政府成立时，中央人民委员会内设"九部一局"，后根据需要又陆续增设了部门机构：中央总务厅、中央国民经济人民委员部、中华苏维埃共和国邮政总局、中央印刷局、《红色中华》报社、中华苏维埃共和国国家银行、中央粮食人民委员部、中央国民经济人民委员部对外贸易总局、中央审计委员会、中央消费合作总社、最高法院、少共苏区中央局、全总苏区执行局等，中央革命军事委员会、中国工农红军总政治部及各内部机关，均在瑞金这块红色土地上生根、开花、结果。到2020年底，已有52个中央和国家机关在瑞金修复了革命旧址并建立了革命传统教育基地，还有10个确认了旧址或认定起源的中央和国家机关。本部分选择五个部门作为寻根问祖、设立全国爱国主义教育基地的代表。

工人的"守护神"
全国总工会爱国主义教育基地

红军工人师

1933年8月1日，红军工人师在瑞金宣告成立，全师共12600人，全部由苏区工人组成，编成3个正规团、1个补充团。中华全国总工会苏区中央执行局组织部部长梁广担任师长兼政委。该师受中革军委直接指挥，在瑞金接受军训，担负中央机关警卫任务，故又称"中央警卫师"。毛泽东主席高度评价说："苏区工人是组织了坚强的阶级工会。这种工会是苏维埃政权的柱石，是保护工人利益的堡垒，同时它又成为广大工人群众学习共产主义的学校。"

1988年11月，瑞金沙洲坝枣子排中华全国总工会苏区中央执行局（以下简称"全总苏区中央执行局"）旧址，迎来了一位精神矍铄、慈祥的老红军。他叫梁广，受当时赣州地区工会办事处邀请到瑞金参观访问，并帮助提供、核实苏区工会工作的有关史实，为编写苏区工运史提供第一手资料，于是梁广便回到自己

沙洲坝中华全国总工会苏区中央执行局（含全总苏区执行局）旧址

曾经工作和居住过的枣子排。

全总苏区中央执行局旧址是一幢建于清代光绪年间的砖木结构民房，有大小房间20余间。全总苏区中央执行局所辖工作部门都设在这里，委员长刘少奇、副委员长兼党团书记陈云等领导人也住在这里。因风雨侵蚀几十年，许多房间墙壁破裂，瓦歪梁斜，陪同梁广参观的当地领导及工会的同志告诉他，该旧址虽早已列为县级文物保护单位，但全县要保护维修的革命旧居旧址太多，县财政有限，而上级下拨的维修经费又少，不能从根本上解决旧址保护问题。

梁广非常理解地方财政的窘况，也知道瑞金中央革命根据地纪念馆的难处，他想了想说："我出面给全国总工会领导写信，请他们拿出一点钱来对这处旧址修缮一下。如果写信不起作用，我会专程跑一趟北京，亲自向全国总工会领导反映这里的实际情况。"陪同人员莫不被梁广对老区的真情实意所打动。

梁广边参观旧址，边给陪同人员讲解当年全总苏区中央执行局的沿革变化及在艰苦的战争环境下的工会工作，以及他为工人服务的故事。

梁广是广东新兴县人，生于1909年，1927年加入中国共产党，曾在香港、上海党的机关工作。1931年4月，他奉中华全国总工会之命，进入中央苏区，与先期到达的蔡树藩、陈佑生一起组建中华全国总工会苏区执行局（简称"全总苏区执行局"），并担任主任。1933年春，设在上海的中华全国总工会迁到瑞金，与原先的全总苏区执行局合并，成立中华全国总工会苏区中央执行局，刘少奇任委员长，陈云任副委员长兼党团书记，梁广任组织组部长。办公地点先是设在瑞金县城北双清桥头，1933年5月迁到枣子排。梁广他们刚把驻地收拾停当，便接待了两位来自瑞金总工会的会员代表，一个是木船工人李绍明，另一个是木排工人刘赣州。他们是走水道谋生的劳苦工人，长年奔波在绵江到赣江之间，见他们一脸焦急又有些拘束，梁广就宽慰他们说："我们这里是全苏区工人的娘家，是为工人谋利益的，工人同志有什么困难，娘家人哪有见死不救的？"两名工人见状，便详细地说明了来意。

原来，绵江到了武阳段，江中间有一座高出水面2米的礁石，当地人叫它"神石",河工们咒它是"魔鬼石"。绵江是瑞金最主要的运输通道,瑞金是产木材大县,松木、杉木、毛竹均由绵江水运至赣州、南昌等地。但是,河道中间突出一座礁石不知愁坏了多少水运工人,也不知让多少工人付出了生命代价。两位老河工急着请求说:"眼看水运旺季到了,河水一涨,'魔鬼石'时隐时现,河工们防不胜防,一不小心命都没了,运输的货物也会被大水冲走。请中央总工会组织人马上把这块'魔鬼石'炸掉吧!"

弄清了事情的原委,梁广立即向委员长刘少奇汇报此事。刘少奇指示:一、由梁广带队,组织识水的河工摸清礁石位置、大小;二、请求红军工兵搭桥,安放炸药;三、赶在洪水季节之前,排除礁石堆。接到任务,梁广不敢怠慢,带领几名河工来到武阳河段。梁广在江边长大,水性好,他穿着短裤,潜水到河中,绕着礁石摸了一遍,估计礁石面积不下30平方米,高度不低于3米,上尖下粗。摸清礁石大小后,梁广上岸与工兵们研究了施工方案,确定了需要的炸药数量。一切就绪,经过两个多小时,炸了六炮,终于把"魔鬼石"炸得没了影。李绍明、刘赣州等参加炸石的河工们欣喜若狂,把梁广抬了起来,说:"没想到你潜水功夫那么好,你为河工们做了一件大好事,工会真是工人们的'娘家'啊!"

回想往事,梁广激动的心情久久不能平静。不久,梁广写给全国总工会领导的信有了回音,全国总工会领导批准了梁广的请求。全国总工会领导作了指示,核准了修复旧址的经费。经过两年多的紧张施工,1991年10月,全总苏区中央执行局枣子排旧址修复竣工，正式对外开放，后被列为全国工会系统爱国主义教育基地，参观者络绎不绝。

梁广的"寻根之旅"，带动了中央多个部委到中央苏区寻根问祖，有力地推动了各行各业在瑞金这块红色土地上建立爱国主义教育基地。

红都小课堂

中华全国总工会

国民革命时期，中央苏区所在的赣西南地区大多数县都建立了工会组织，工人运动曾蓬勃开展。1927年蒋介石发动"四一二"反革命政变后，赣西南各县工会及其他革命群众团体都被国民党右派和"清党军"破坏。土地革命运动开展后，随着红军和革命根据地的建立和发展，根据地内各县工会组织相继重建，1930年秋，赣西南苏区总计有40万工会会员。

1933年春，中华全国总工会随同临时中央机关从上海迁入中央苏区，原中共中央职工部部长刘少奇秘密抵达瑞金。随后，中华全国总工会与原在瑞金的全总苏区执行局合并，成立新的中华全国总工会苏区中央执行局。刘少奇任委员长，陈云任副委员长兼党团书记。中华全国总工会之下设立了中国农业工人工会、店员手艺工人工会、苦力运输工人工会、纸业工人工会、国家企业工人工会，还有各省职工联合会。创办了全总苏区中央执行局机关报《苏区工人》，发行量2万余份。苏区工人积极参军参战，发展生产，有力地支援了反"围剿"斗争。

苏区经济的擎天柱
中国人民银行全国爱国主义教育基地

五双皮鞋

1932年春，红军攻克闽西南重镇漳州后，中华苏维埃共和国国家银行行长毛泽民奉命前往漳州城进行没收征发工作。漳州近海，侨胞很多，商业繁华。毛泽民申明了筹款纪律：没收土豪、军阀财产和官僚资本，动员民族资本家和中小商人捐款资助红军。毛泽民带领工作人员来到一家商店，只见店内富丽堂皇，原来是一家皮革专卖店。按规定这家皮革专卖店须捐款200元，但店主无现金，就拿了五双皮鞋作价。

年约三十七八岁，理着板刷发型，厚厚的嘴唇，目光犀利且坚定——叶坪景区中华苏维埃共和国国家银行旧址史料陈列馆前，讲解员指着画像介绍说："他是中华苏维埃共和国国家主席毛泽东的大弟毛泽民，是当年国家银行首任行长。毛泽民来瑞金不想当官，而是要上前线杀敌人，为此事还同大哥发了一通脾气呢。"

中华苏维埃共和国国家银行发行的纸币

讲解员讲了这个故事：

"一苏大会"后的一天，毛泽民打好背包，欲到中革军委报到，上前线打仗，却接到临时中央政府紧急通知，要他马上回政府，担任国家银行行长。毛泽民一听急了，气冲冲地找到大哥，发了一通牢骚："大哥，我在家里跟爸贩米贩猪，记账做生意；干革命后在安源煤矿经营合作社，在广州农运所办食堂，再到上海党中央出版发行部当经理，一直没有离开生意两字。到了中央苏区你又叫我管会议总务。当时，你答应'一苏大会'结束后，让我到前线部队去参战。这下倒好，又让我'扯'上银行了。这就是你动员我出来干革命的主意？……"

毛泽东在一旁笑着不接话，他知道大弟性子直，心里藏不住话，待大弟"发泄"完了，毛泽东委婉地说道："你别急，想上前线有的是机会。但今天这个行长头衔你必须要接下来。"毛泽东顿了一下，换了个口气说："苏维埃共和国成立了，国家不能没有财源，更不能没有自己的货币，要发行货币，必须要有自己的银行，你说是不是这个道理？"毛泽民还嘟着嘴，但口气软了下来，他苦着脸说："我没有这方面的经验呀！我只会拨弄算盘，离银行行长差远了。"

设立国家银行是国家大事，在推选行长这件事上，中央执行委员会的委员们进行了激烈的讨论。大家提出要选一个干过银行工作的人来担任，但临时中央政府没有这种人，有几个只做过小职员或账房先生，不够格。不知谁提了一下"毛总务"。这三个字提醒了各位委员，有的委员站起来力挺"毛总务"，陈述了他的几个大优点：一、他不贪不占，清白做事，热情工作；二、他以前干的都是经济工作，是党内理财高手；三、他是有名的"神算子"，双手可以同时打算盘；四、有目共睹，他把大会近千人的伙食管得很好，没有私心，每天每人一角二分的伙食，还结余三块零几角钱，了不起！这个人当国家银行行长没问题，错不了！

项英是急性子，马上附和道："我同意！虽然毛总务没干过银行工作，但他一定能干好。我以前是铁路工人，现在干革命，

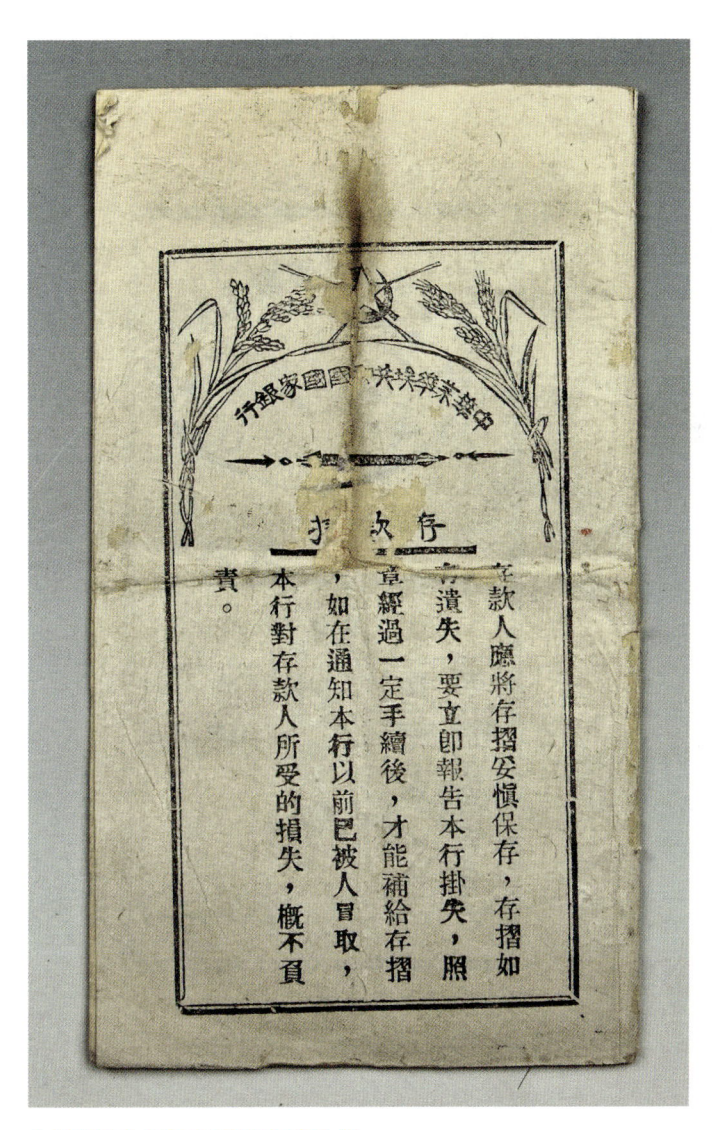

中华苏维埃共和国国家银行存款折

叶坪中华苏维埃共和国国家银行旧址

做政府工作,谁说不行啊?……毛泽民是国家银行行长的最佳人选!"项英的话一落,全场一片掌声。

毛泽东见大弟消了气,认真地说:"选你当行长不是我个人说的,是全体执行委员一致同意的,在西方叫民主,我们这里叫'民众选举',不信你问项英副主席。"

毛泽民虽信大哥的话,但内心还是不甘再做经济工作。于是找到项英,责问他为何偏偏提议自己当行长。项英哈哈大笑,用一句话回复了毛泽民:"你是国家银行行长的最佳人选!"

毛泽民租下当地一幢民房,招集了4位工作人员,1932年2

月1日，中华苏维埃共和国国家银行挂牌营业。他不负众望，把这个世界上最小的银行办得风生水起，有力地支援了革命战争和苏区经济建设。

1934年10月，毛泽民随红军长征。1943年9月，毛泽民在新疆被军阀盛世才杀害。

2002年5月，中国人民银行修复了中华苏维埃共和国国家银行旧址，并把它列为全国金融系统爱国主义教育基地。

红都小课堂

小银行，大贡献

20世纪30年代初，瑞金的叶坪诞生了一家堪称是世界上最小的银行。这家银行只有4间房，共80平方米，全行只有5人：行长、会计、记账员、出纳各一人，另一人帮助出纳，管兑现，兼做杂务。这家银行就是中华苏维埃共和国国家银行。后来随着苏区经济的不断发展，银行的规模、业务逐渐扩大，到1933年冬，工作人员已达80多名，江西、福建设立了分行，直属县瑞金及其他县设立支行。国家银行不但发行苏维埃货币，还受中央财政部委托，发行了60万元革命战争短期公债，随后又发行了120万元战争公债和300万元经济建设公债。1933年，中华苏维埃共和国国家银行从中央财政部脱离出来，成为人民委员会之下的一个职能机构。

中华苏维埃共和国国家银行是苏维埃革命斗争和经济建设的重要支柱。它为支援革命战争、活跃苏区经济、打破经济封锁作出了不可磨灭的贡献。

中央苏区的朝阳
共青团中央全国爱国主义教育基地

路条

一天,中华苏维埃共和国临时中央政府主席毛泽东与警卫员去基层调研,途经云集区的一条小路,突然从路边樟树上跳下来两名少年,他们戴着红袖章,手拿红缨枪,一声断喝:"把路条拿出来!"毛泽东知道他们是儿童团员,故意说:"路条在路上丢了。""没路条不能过,回去!"一名儿童团员坚定地回答,并用红缨枪指着他们。警卫员急忙拿出路条说:"这是毛主席。"两个儿童团员呆住了,毛泽东笑道:"你们这些小鬼真厉害!"

"十八十九正年轻,当兵就要当红军,胆壮心雄志愿大,工农群众都欢迎。斧头不怕硬棍柴,红军不怕反动派,胜利县城红旗飘,到处建立苏维埃。"这是当年扩红宣传队动员青年们积极参加红军的歌谣,歌名就叫《十八十九正年轻》。

2002年暑假的一天,沙洲坝下霄村少共苏区中央局旧址内来了两位特殊的游客,他们是爷孙俩,爷爷叫陈建斌,孙子叫陈勇,

沙洲坝中国共产主义青年团中央局（含少共苏区中央局）旧址

来自当年的胜利县，现在的于都县银坑镇。陈建斌带孙子到瑞金参观红色故都、革命旧居旧址，不仅是让孙子接受革命传统教育，成为一位真正的共产党员，而且还想圆自己的一个梦。

原来，陈建斌的爷爷陈华林当年被奶奶肖桂香鼓动去参加红军，被区苏维埃政府表扬，又上了少共苏区中央局机关报《青年实话》。《青年实话》二卷十三号在《光荣的红匾》栏目中，报道了女共青团员送郎当红军的事迹："肖桂香是胜利县河田飞狗头村支部的团员，当团支部开会讨论扩大红军工作时，她发表意见，要自动鼓动丈夫去当红军，来猛烈扩大红军，结果在两天之内，就发动了自己的丈夫及邻村的男同志十一名自动到苏区报名当红军……"肖桂香把丈夫及其他青年送到区政府十天后，她从乡团支部看到一张《青年实话》报纸，团支部书记指着报纸上的一行字说："你受到少共中央局的表扬了，是位光荣的红属了。我们大家都要向你学习！"肖桂香心里很激动，满脸通红，她虽识字不多，但还是认认真真地读了几遍，最后有些遗憾地说："我丈夫名字怎么没写上去呢？"团支部书记笑着说："报纸是表扬扩红队取得最佳成绩的，又不是表扬参军人员。"肖桂香听后不好意思地笑了。

肖桂香把报纸带回家后，放在梳妆台的一个木盒子里，想丈夫的时候就拿出来看看，这个秘密保守了几十年。待孙子陈建斌参加工作时，奶奶终于把《青年实话》报拿了出来，小心地怕惊动里面的人物一样，摊开在陈建斌眼前。陈建斌在奶奶的指引下，看到《光荣的红匾》这一栏目，并轻轻地读出了声："肖桂香是胜利县河田飞狗头村支部的团员……"

陈建斌做梦也想不到奶奶还是位老苏干、老团员，为扩红工作作出了这么大的贡献。看着日渐衰老的奶奶，陈建斌感动不已。奶奶拢了拢头发，轻轻地唱道："十八十九正年轻，当兵就要当红军……"奶奶肖桂香活到85岁，她在弥留之际，嘱咐孙子要把那张报纸放到她的棺材里，她要带给丈夫看。

几十年过去了，陈建斌每当想起奶奶就忍不住要找那张报纸，他在史料上查到《青年实话》是少共苏区中央局机关报，当年的发行量达到2.8万份。他想，少共苏区中央局旧址已在2002年4月修复并被团中央列为爱国主义教育基地，基地的史料陈列馆里

《青年实话》报

说不定有当年的这份报纸。于是，陈建斌带着孙子来到少共苏区中央局旧址。他仔细地寻找，终于在一处展柜里发现了一份《青年实话》，刊头与奶奶珍藏的那份一模一样。陈建斌激动不已，赶紧叫孙子陈勇拍下来，并把这个故事讲给孙子听，陈勇听完这个动人的故事，眼睛湿润了，说："我今天来对了，永生难忘！"

红都小课堂

《青年实话》报

《青年实话》是少共苏区中央局机关报，也是一份广大青年自己的报纸，1931年7月1日创办于江西永丰县龙冈。它和各地农村、部队、机关、工厂建立的俱乐部、列宁室一样，是对青少年进行共产主义教育的最主要阵地。《青年实话》初刊两期为传单版式，单面油印。第三次反"围剿"期间停刊。1931年12月1日，少共苏区中央局迁入瑞金后恢复出版。它内容丰富，图文并茂，文章短小，通俗易懂，除了报道苏区内外重大事件，还有苏区青年急于了解和掌握的革命道理、工作经验、科技生活常识及文学知识。特别是《光荣的红匾》，是全体青少年特别关注的栏目。如果某人上了"红匾"，他就成了"明星"，拥有众多的"粉丝"，让人特别崇拜和羡慕。

红色"铁算盘"
审计署全国审计系统爱国主义教育基地

《红色中华》报第一版爆料

"据中央审计委员会报告,十月份中央总务厅预算浮开至5000元之多,总卫生部十月份预算载后方医院伤病及工作人员,人数与实际所有数相差很远,瑞金县苏(注:苏维埃政府)每月仅灯油费一项达120多元之多,其他不少的苏维埃机关及军事机关浮支浪费的事亦时常发现。这证明浪费现象现在差不多仍是普遍的存在着。"毛泽东主席阅后站起来说:"查得好,就要从党政机关查起,杜绝浪费现象。"这是中央审计委员会成立不到两个月的第一份审计报告。

"铁算盘"是苏区人民对中央审计委员会主席阮啸仙的称呼,叫他"铁算盘",是因为他不但精打细算,而且还能做到物资节流,公平公正,铁面无私。

阮啸仙上任伊始,正值"二苏大会"后苏区内开展起轰轰烈

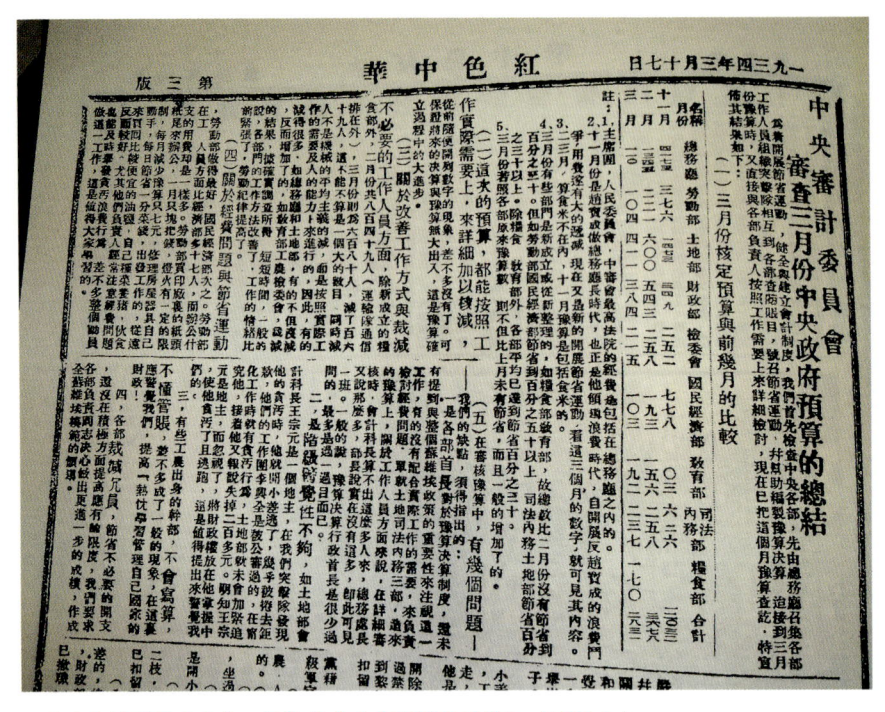

《中央审计委员会审查三月份中央政府预算的总结》（1934年）

烈的节省运动。人民委员会重新规定省、县、区、乡政府人员编制，裁减工作人员和节省经费，编制3月份的预算。不久，中央政府指示审计委员会全面严肃经济政策，保证党的经济政策畅通，对行政单位抓节支问题，对企业单位抓增收问题。

会后，阮啸仙率领委员们深入各行政单位调查，发现有的单位机构臃肿，人员过多，工作效率低下；有的单位经费开支无预算；有的县苏维埃政府一个月开支1万多元，乡苏维埃政府一个月开支5000~6000元；有的单位改账目、单据，造假证，贪污公款。"打铁须先自身硬"，阮啸仙决定从中央、省、县苏维埃政府这些领导机关开始审查，他将这一决定向毛泽东主席汇报，得到毛泽东的大力支持。

1934年2月底的一天，阮啸仙和各部委员来到中央总务厅，审查中央政府3月份的预算，检查各部账目，帮助他们编制预算。检查后发现中央各部共有工作人员849人，经费支出3678元。阮啸仙当即召开各部负责人会议，调整3月份预算，将工作人员核减到680人，经费压缩至2831元。阮啸仙对各部负责人说："我们是财政经济监督部门，其职责是审核国家的岁入岁出，监督国家预算的执行。现在前方战事紧张，红军将士急需要我们苏区干部和群众的大力支援。我们要带头节衣缩食，勒紧裤腰带减少不必要的开支，一切为了革命胜利，只有国家富强了，经济好转了，我们的办公条件才能跟着好起来。"他的话赢得与会者的热烈掌声。

3月下旬，中央审计委员会在审核粤赣省3月份的预算后，阮啸仙给该省苏维埃政府主席写了一封信，对其进行了严肃批评："省苏维埃政府本身预算990元，比2月份预算定数665元增加了，会昌、西江县的预算比2月份也增加了。特别是于都县预算7536元，比2月份预算增加了3倍以上，这样忽视节省每个铜板的意义，不能不使我们视为惊奇的事。因此，减少你们的预算，同时必须唤起你们对于这一预算的执行。"

阮啸仙在开展对行政事业单位预算决算审核的同时，又开展了对国有企业的大检查。1934年3月底，阮啸仙首先派出突击队，深入检查中央政府印刷厂、中央造币厂、邮政总局、贸易总局、

沙洲坝中华苏维埃共和国中央审计委员会旧址

粮食调剂局等国有企业的财政账目，发现有的单位管理制度混乱，劳动纪律很差：会计账目糊涂，有支出预算，无收入预算，无成本核算，不知赚钱还是亏本……阮啸仙决定召开会议，采取公开审查账目、互相学习、取长补短的办法，使各厂建立会计制度和管理制度。

阮啸仙召集以上厂、局负责人到中央审计委员会开会，会上阮啸仙问中央政府印刷厂负责人："你厂每月有7000元以上的营业额，是一个大的印刷机关，你们过去几个月是赚钱了还是亏本了？成本是多少？"

"不知道，只知道收来的钱用光了，而且每个月超支，只向国家要过钱，没向国家缴过钱。"中央政府印刷厂负责人苦笑着回答。

阮啸仙转头问中央造币厂负责人："国币的铸费是多少？合算不合算？"该负责人面红耳赤，答不上话来。阮啸仙逐一询问各厂、局情况后总结道："诸厂局……不明了本身在苏维埃经济上的性质和作用，不知道也不考究产品的成本，不知计算盈亏，有钱就用，没钱向国家主管机关要……"会上，阮啸仙要求各厂、局负责人加强管理，健全制度，发展生产，增加收入，并决定把审计人员分派下去，指导各厂、局健全制度，严防腐败现象滋生。

据统计，1934年4月至7月，苏区各机关共节省130万元，工作效率也大大提高。

红都小课堂

中央审计委员会

1928年7月通过的《中国共产党党章》规定"党的全国大会、省县市代表大会选举中央或省县市审查委员会",以"监督各级党部之财政,会计及各机关之工作"。阮啸仙在中共六大上被选为中央审查委员会委员。1929年,中共中央机关设立中央审计处,阮啸仙任处长,实行党内的财务审计工作。

1933年9月,中华苏维埃共和国成立中央审计委员会,由人民委员会直接领导,监督检查各项财政收支的执行情况。1934年2月,"二苏大会"上决定中央审计委员会直接受中央执行委员会领导,阮啸仙被任命为中央审计委员会主席。

中央审计委员会的职权是:一、审查国家的岁入岁出;二、监督国家预算执行。1934年2月20日,中央执行委员会颁布《审计条例》,共19条,是中央苏区审计工作的基本法规和政策依据。1934年10月中央红军长征后,阮啸仙奉命留下打游击,1935年3月壮烈牺牲。

1999年10月,国家审计署修复了位于瑞金沙洲坝的中华苏维埃共和国中央审计委员会旧址,并把它列为全国审计系统爱国主义教育基地。

红土青天

最高人民法院全国爱国主义教育基地

苏维埃政府绝不容许贪污浪费分子存在

1934年1月,毛泽东在中华苏维埃第二次全国代表大会上强调指出:"应该使一切政府工作人员明白,贪污和浪费是极大的犯罪。"据《红色中华》报报道,仅1934年1月至3月,中央工农检察部与中央审计委员会、临时最高法庭等部门积极配合,将贪污浪费分子"送法庭制裁的29人,开除工作的3人","建议行政机关撤职改调工作的7人,给予严重警告的2人,警告的4人"。

坐落在瑞金沙洲坝杨氏宗祠的中华苏维埃共和国最高法院旧址,1998年7月由最高人民法院拨款修复。旧址内保留有何叔衡、董必武、梁柏台三人的办公室兼卧室,最高法院委员会、军事法庭、刑事庭、民事法庭、法警队和看守所等用房,大厅

沙洲坝中华苏维埃共和国最高法院旧址

内设审判大厅并注明组织过临时特别法庭，审判过中央执行委员熊仙璧。

　　1934年3月20日，中央执行委员会发布命令，批准人民委员会关于撤销熊仙璧于都县苏维埃政府主席职务的决定，并开除其中央执行委员会委员的资格，交最高法院治罪。最高法院院长董必武接到指示后，组织最高特别法庭，并由最高法院指定法律专家、司法部副部长梁柏台担任最高特别法庭的临时检察长，对熊仙璧的罪行进行公诉，最高特别法庭以董必武为主审，何叔衡、罗梓铭为陪审，李登湘、邹沛甘为书记员。梁柏台接受任务后，调来于都县案件材料进行核实，又提审了熊仙璧，确认无误后，于3月25日上午开庭审判熊仙璧。

最高特别法庭审判场所设在中央政府大礼堂，上午9时，前来听审的各机关干部有500多人。此外，还有附近工厂、企业的干部职工和农民等，整个大礼堂被挤得水泄不通。

威严的审判台上，主审董必武居中，两侧分别是陪审员何叔衡和罗梓铭，两头是两位书记员。梁柏台坐于左侧一张桌子旁。听众席第一、二排坐着中共中央、中央政府的重要领导毛泽东、张闻天、项英、刘少奇、陈云、邓发等。整个法庭气氛肃然，人们静静地注视着法庭主审的一举一动。

"现在，我宣布中华苏维埃共和国最高法院特别法庭正式开庭！"董必武站了起来，表情严肃地对着观众，喊道："全体起立！"参加审判会的全体人员全部站起来。

"参加庭审的有陪审员何叔衡、罗梓铭，书记员李登湘、邹沛甘，特别法庭临时检察长梁柏台。特别法庭今天在这里审理原粤赣省于都县苏维埃政府主席、中央执行委员会委员熊仙璧贪污、渎职一案，犯罪嫌疑人熊仙璧已经到庭。现在请本庭临时检察长梁柏台同志宣读控诉书！"

戴着眼镜的梁柏台向主席台敬了个礼，又向观众席敬了个礼，然后拿起材料大声地宣读：

接受中央执行委员会的命令，检查前中央执行委员兼于都县苏（注：苏维埃政府，下同）主席熊仙璧的渎职兼贪污案件。检查的结果，被控诉人熊仙璧的犯罪事实已得到充分的证据，现在向最高特别法庭提起控诉。熊仙璧，31岁，男性，于都罗坳人，成分贫农，读书4年，共产党员，担任过罗坳区苏主席、于都县苏土地部长。1933年12月任于都县苏主席，1934年2月25日经于都县苏主席团会议撤职扣留……（二）熊仙璧以主席的名义，强借公款50元，拿去做生意。因他拿公款做生意，而影响其他工作人员，也拿公款大做生意。于都全县的工作人员，从县苏主席、各部长一直到区乡负责人都大做生意，只顾赚钱，不顾政府的工作。现已被察觉做谷米生意的工作人员有60人之多。这是初步检查，其余隐藏着的还不知有多少。这些工作人员贩运出口数量，被查出的已有1263担之多，没有查出的尚不知确数。正因这些工作人员做谷米生意，假借设立机关合作社、粮食合作社等名义，运谷子出口不纳税或免税，影响国家的税收。这许多工作人员因私做生意赚钱，造成生活腐化，上馆子，穿好衣服，给群众以不好的影响。因为一般工作人员只顾做生意，不顾工作，所以县苏、市苏经常关起门来，无人负责，工作非常散漫，把于都县苏维埃机关变成市侩式的机关。（三）因为熊仙璧本身贪污公款做生意，影响到整个于都工作人员的贪污，因此，在于都贪污之风盛行一时……根据以上的事实，熊仙璧渎职贪污的犯罪行为，已很明显地证实了，特向中央执行委员会所组织的最高特别法庭，提请诉讼，致以最高特别法庭。

法庭上鸦雀无声，只有梁柏台洪亮的声音在礼堂上空回响。

红都小课堂

司法为民铸利剑

1931年12月13日，中央执行委员会颁布了《处理反革命案件和建立司法机关的暂行程序》，规定各地在未设立法院之前，须在省、县、区三级政府设立裁判部，建立临时司法机构。1932年2月，中央执行委员会下设临时最高法庭，统一领导苏维埃的审判工作。

临时最高法庭是苏维埃最高法院成立之前苏区最高的审判机关，代行最高法院职权。

1934年2月4日，"二苏大会"上，中央执行委员会决定并成立了最高法院。董必武任最高法院院长。最高法院成立时，地址设在瑞金沙洲坝的杨氏宗祠，该建筑建于清同治年间，系土木结构，16个房间。1998年4月，旧址因暴雨侵袭而倒塌，同年7月，最高人民法院对旧址进行原貌修复并建立史料陈列馆。2000年4月，中华苏维埃共和国最高法院旧址列为全国法院系统爱国主义教育基地。

梁柏台念完控诉书后,法庭依法对犯罪嫌疑人进行了庭审,法庭上,熊仙璧对其所犯的罪行供认不讳。董必武当庭宣布:"本庭判决如下:判决被告人熊仙璧监禁1年,1934年3月6日起到1935年3月5日止。期满后剥夺公民权1年,其投机生意所得利润没收,充国库。本判决为最终判决,无上诉权!"

附录

瑞金中央革命根据地纪念馆简介

瑞金中央革命根据地纪念馆（中央革命根据地历史博物馆）是为纪念土地革命战争时期中国共产党及其领袖毛泽东、朱德、周恩来等老一辈无产阶级革命家领导创建中央革命根据地和红一方面军，缔造中华苏维埃共和国的历史而建立的革命类纪念馆。1958年正式开馆，2007年10月，江泽民同志题写"中央革命根据地历史博物馆"馆名。馆藏文物11146件（套），管辖革命旧址127处，其中全国重点文物保护单位4处37个点。首批国家一级博物馆、首批全国爱国主义教育示范基地、全国青少年教育基地、全国中小学生研学实践教育基地、全国社科普及教育基地、全国"大思政课"实践教学基地。所管辖的叶坪革命旧址群、红井革命旧址群、大礼堂革命旧址群、中华苏维埃纪念园等红色景区组成的"共和国摇篮旅游区"，于2015年7月评为国家5A级旅游景区，是全国红色旅游经典景区。

近年来，瑞金中央革命根据地纪念馆认真贯彻落实习近平总书记关于革命文物保护利用系列重要指示批示和视察江西时的重要讲话精神，围绕打造全国最佳红色旅游圣地、全国红色基因传承典范区，坚持不懈当好共和国摇篮的忠实守护者、苏区精神的坚定弘扬者，推动革命文物保护利用高质量发展，在教育、陈展、保护等各项工作中创特色、铸品牌，推出《苏区精神永放光芒》故事展演、《童心永向党》等一批全国、江西品牌社教项目，形成《人民共和国从这里走来——中华苏维埃共和国史》基本陈列和40多个专题陈列展览，创造了被国家文物局称赞为革命旧址与红色精品景区建设相结合的"瑞金模式"，先后获得"全国文物系统先进集体""全国未成年人思想道德建设工作先进单位""全国20个'我最向往的党史纪念地'""第十九届全国博物馆十大陈列展览精品推介特别奖""全国革命文物保护利用十佳案例"等荣誉。

后记

在中华人民共和国成立七十五周年之际,为追溯共和国伟大预演的历史,缅怀老一辈无产阶级革命家开创中央苏区的丰功伟绩,激励青少年朋友弘扬优良传统,传承红色基因,不忘初心,继续前行,大象出版社发起"给青少年讲红色纪念馆里的故事丛书"编辑出版工作。

瑞金,是红色故都、共和国摇篮、中央红军长征出发地。毛泽东、朱德、周恩来等新中国的开国领袖和元勋们,在这块土地上谱写了中华苏维埃共和国灿烂的历史华章,进行了中国共产党领导下的治国安民的实践探索,培养和锻炼了一批新中国的栋梁之材,同时在这个过程中,演绎了许许多多脍炙人口、永留青史的红色故事,也留下中国革命史上的丰富宝藏,成为我们取之不尽、用之不竭的精神源泉。

每当走进共和国摇篮，探寻中国共产党的建政初心，无不为那激荡心灵的历史长卷而感动。我们惊喜于伟人在艰难困苦中坚韧不拔、不懈努力的求索艺术，我们也惊喜于中央苏区人民那种追求真理、无私奉献的忘我精神，我们更惊喜于党和人民群众血浓于水、情出于真的交融画面。因为有了一次历史的机缘，更为有了一次伟人对民族复兴、人民幸福的艰辛探求，更显出这段历史的厚重和丰腴……

史册厚重，难尽岁月之峥嵘；文辞美妙，难描先辈革命之伟业。这本小册子，是共和国摇篮厚重历史的生动再现，再现的仅仅是伟人们的一个瞬间、历史中的一个小回眸、普通人中的一个小片段，旨在让后来者永远铭记，高山仰止，敬重先辈，坚定不移地传承好红色基因，走好新时代的新长征。

在编辑过程中，我们遵循历史，忠于历史，还原历史，牢牢把握政治导向，认真核准资料史实，切实做好各项工作。但由于编者水平有限，不妥之处在所难免，恳请读者朋友们批评指正。

编者

2024 年 1 月